Simply, Easily & Completely!

안전보건교육자를 위한
참여형 교수법 실무지침

"잠자고 있는 당신, 참여형 교수법으로 깨어나라!"

안방환 지음

지우북스

프롤로그

지난 25년간 산업현장에서 안전보건교육과 컨설팅, 그리고 수많은 프로젝트를 수행하며 저는 한 가지 아쉬움을 늘 가슴에 품고 있었습니다. HR 분야에는 퍼실리테이션, 액션러닝, 코칭, 창의적 교수법 등 다양한 교수법들이 국내외를 막론하고 널리 소개되어 있습니다. 그러나 안전보건 분야에서는 수많은 법정교육이 시행되고 있음에도 불구하고 실효성 있는 강의기법에 대한 자료를 찾기 어려웠습니다. 바로 그 간극을 메우고자 '참여형 교수법'이라는 이름으로 10년 전부터 교육 현장에서의 변화를 시도해왔습니다.

그동안 단순히 규정을 전달하는 교육이 아닌, 진정한 학습과 행동 변화를 이끌어내는 방식이 필요하다는 절박함이 제 마음속에 자리 잡았습니다. 참여형 교수법은 학습자를 수동적 청취자에서 능동적 실천가로 변화시키는 교수법이며 교육공학과 안전심리 그리고 실제 현장의 니즈가 통합된 실천적 해법이기도 합니다. 이 책은 오랜 시간 품어온 소망의 결실이며 강의 교재를 넘어 한 권의 책으로 세상에 선보일 수 있게 되어 깊은 감사를 드립니다.

특별히 이 여정에 길을 밝혀주신 정은상 교장 선생님께 진심으로 감사의 마음을 전합니다. 선생님의 꾸준한 격려와 지지 없이는 이 책이 빛을 볼 수 없었을 것입니다. 그리고 마지막까지 원고를 꼼꼼히 살펴주고 누구보다 저를 믿고 지지해 준 아내에게도 고마움을 전합니다.

이 책은 단지 한 사람의 경험을 담은 것이 아닙니다. 현장의 목소리, 교육의 본질, 그리고 안전을 향한 진심이 모여 만들어진 결과입니다. 부디 이 책이 안전보건교육자와 관리감독자, 그리고 안전보건교육에 관심 있는 모든 이들에게 실질적인 도구가 되어 더 많은 생명과 일터의 안전을 지키는 데 기여할 수 있기를 소망합니다.

안방환

추천사

숭실대학교 안전융합대학원 교수 이준원

오늘날 안전보건교육은 단순한 지식 전달을 넘어 실제 현장에서 사고를 예방하고 조직의 안전문화를 강화하는 데 핵심적인 역할을 담당하고 있습니다. 그러나 여전히 많은 교육이 일방적인 강의식 방식에 머물러 있어 학습자의 몰입과 실질적인 행동 변화를 이끌어내는 데 한계를 드러내곤 합니다.

이 책은 그러한 한계를 극복하기 위한 탁월한 시도이자 교육자들에게 새로운 길을 제시하는 실무 지침서라 할 수 있습니다. 특히 참여형 교수법을 안전보건교육에 접목하여 학습자가 수동적 청자가 아닌 능동적 참여자가 되도록 이끈 점이 돋보입니다. 사례 중심의 설명, 다양한 교수 전략, 현장에서 바로 적용할 수 있는 실천 가이드라인은 교육 현장에서 즉시 활용 가능하며 교육자의 수업 역량을 한 단계 끌어올리는 데 큰 도움을 줄 것입니다.

저 또한 대학 강의와 현장 연구를 병행하며 학생들과 근로자 교육을 진행해 온 경험 속에서 참여와 소통이 학습 효과를 극대화한다는 사실을 체감해왔습니다. 그런 점에서 이 책은 안전보건교육의 질적 도약을 이끌 소중한 길잡이가 될 것이며 앞으로의 산업 현장에서 보다 안전하고 건강한 문화를 정착시키는 데 크게 기여하리라 확신합니다.

안전보건교육의 실천적 변화를 꿈꾸는 모든 교육자와 실무자들에게 이 책을 자신 있게 추천합니다.

법무법인(유) 율촌 변호사 정유철

  중대재해처벌법 시행 이후 기업과 기관은 법적 책임을 넘어 근로자의 생명과 안전을 지키는 문화 정착이라는 막중한 과제를 안게 되었습니다. 그러나 현장의 교육은 여전히 형식적 절차에 머무르거나, 법 조항을 단순 암기하는 수준에 그치는 경우가 많아 실질적인 사고 예방 효과를 거두지 못하는 것이 현실입니다.

  이 책은 바로 그 간극을 메우는 해법을 제시합니다. 『안전보건교육자를 위한 참여형 교수법 실무 지침』은 참여와 소통을 중심에 둔 교수법을 통해, 교육의 수용자들이 스스로 안전의 중요성을 인식하고 행동 변화를 실천할 수 있도록 돕습니다. 이는 단순한 교육 기법의 전환을 넘어 법이 요구하는 '실효성 있는 안전보건 관리체계 구축'의 중요한 토대가 될 수 있습니다.

  법률가의 관점에서 볼 때, 이 책은 안전보건 책임자와 현장 관리자가 법적 의무를 충실히 이행하는 데 큰 힘이 될 자료입니다. 강의식 전달을 넘어 참여형 학습을 실현함으로써 안전보건교육이 더 이상 단순한 규제 준수 차원을 넘어 조직의 안전문화로 뿌리내리게 할 수 있습니다.

  저는 이 책이 기업의 법적 리스크를 줄이는 동시에, 근로자의 생명과 건강을 지키는 최선의 예방책이 될 것이라 확신하며 모든 안전보건교육자와 기업 현장 관계자들에게 적극 추천합니다.

추천사

두산건설(주) 대표이사 CSO 이강홍

CSO로서 안전에 있어 가장 중요한 요소인 '교육'을 항상 강조하지만 정작 교수법은 안전보건관리자인 현장 실무자에게 맡기는 우를 범하고 있었던 것은 아닌지 늘 돌이켜보고 반성하는 경우가 많았습니다.

저자는 교수법에 관한 해박한 지식(교육학·발달심리학·인문학)을 안전보건교육 실무에서 실질적이고 구체적으로 활용이 가능한 사례를 바탕으로 『안전보건 교육자를 위한 참여형 교수법 실무 지침』을 발간하여 현업에서 매우 유용하게 활용할 수 있도록 실질적인 해법을 제시하였습니다.

참여형 교수법을 통해 교육 대상자가 수동적 청취자가 아닌 능동적 주체로 변화할 수 있도록 설계된 이 지침서는 현장에서 즉시 적용이 가능한 교수 전략과 사례를 담고 있습니다. 특히, 건설업 특유의 다변화된 위험 상황과 다양한 직종의 근로자들을 고려할 때, 이 책의 접근법은 교육의 몰입도를 높이고 실제 행동 변화를 유도하는 데 매우 효과적이며 안전보건교육의 패러다임을 바꾸는 계기가 될 것으로 확신합니다.

CSO인 본인도 여러 방면으로 교수법을 배우고 활용하였지만 단편적이고 일회성인 단순한 강의 스킬 정도로만 이해되는 경우가 많았습니다. 항상 보다 체계적이고 실효적 활용 가치가 있는 책을 갈구하던 차에 이번에 발간되는 저자의 책을 알게 되어 참으로 기쁜 마음입니다.

CSO로서 이 책이 단순히 교육자들에게 유용한 도구를 넘어 기업이 실효성 있는 안전문화 정착을 이루는 데 필수적인 지침서가 될 것이라고 확신하며 현장의 안전을 책임지는 모든 관리자, 교육자 그리고 리더들에게 필수적인 도서로 추천합니다.

목차

프롤로그 • 3
추천사 • 4
목차 • 6
서문 • 11
이 책의 목적 • 12
이 책을 통하여 얻을 수 있는 것 • 13
독자 안내 • 14
이 책의 약속 • 15

제1장 참여형 교수법을 이해하다

1.1 참여형 교수법의 기본 이해 …………………………… 18
1.2 왜 참여형 교수법인가? ………………………………… 22
1.3 학습 피라미드와 참여형 교수법 ……………………… 27
1.4 하브루타(HAVRUTA) 학습법 ………………………… 33
1.5 퍼실리테이션 기법 ……………………………………… 38
1.6 선인들의 깊은 통찰 ……………………………………… 44

제2장 교육공학과 참여형 교수법의 접점

2.1 교육공학이란 무엇인가? ……………………………… 52
2.2 기계공학적 교육공학 …………………………………… 57
2.3 인간공학적 교육공학 …………………………………… 59
2.4 행동과학적 교육공학 …………………………………… 61

제3장 안전보건교육에 참여형 교수법 활용하기

3.1 안전보건교육의 중요성 ·· 64
3.2 산업안전보건법 의무 교육에 대한 현실과 과제 ··················· 68
3.3 ADDIE 모형을 활용한 참여형 교수법 설계와 적용 ············ 73
3.4 국가직무능력표준 활용 ·· 82

제4장 참여형 교수법 준비하기

4.1 최적의 학습공간 만들기 ·· 90
4.2 강의 성공을 위한 준비물 A to Z ································· 94

제5장 참여형 교수법 방법론

5.1 얼음을 깨는 기술 아이스브레이킹 ································ 102
   5.1.1 미소훈련법으로 만드는 긍정적 이미지 ···················· 103
   5.1.2 칭찬스티커로 긍정적 학습 환경 만들기 ··················· 106
   5.1.3 주먹 쌓기로 긴장 완화와 친밀감 형성 ···················· 109
   5.1.4 풍선게임으로 팀워크 강화하기 ······························· 112
5.2 참여형 교수법 실천 가이드 ·· 115
   5.2.1 비상시 대비 및 대응 ·· 116

5.2.2 우리 팀 아이덴티티 ·· 119
5.2.3 강의장을 하나로 만드는 그라운드 룰(Ground Rules) ··· 122
5.2.4 팀워크를 강화하는 역할 카드 활용 ································ 125
5.2.5 생각의 퍼즐 크로스 워드 ··· 129
5.2.6 뇌를 자극하는 초성 퀴즈 ··· 132
5.2.7 집중력을 높이는 사지선다형 퀴즈 ································ 135
5.2.8 의사소통을 시각화하는 신호등 카드 ··························· 138
5.2.9 아이디어가 흐르는 시간 브레인라이팅 ······················· 141
5.2.10 시선을 사로잡는 영상 스토리 ······································ 144
5.2.11 이론을 넘어 현장 속으로 ··· 147
5.2.12 걸으며 나누는 대화 Walk & Talk ······························ 151
5.2.13 갈등 없는 진행을 위한 순서 결정 기술 ···················· 154
5.2.14 사소하지만 중요한 대화 스몰토크 ······························ 157
5.2.15 집중의 시간 미니 메가폰 활용 ···································· 160
5.2.16 9×9 생각의 기술 만다라트 기법 활용 ······················· 163
5.2.17 창의력과 논리를 연결하는 마인드맵 전략 ················ 166
5.2.18 인식과 행동을 변화시키는 리치픽처 ·························· 169
5.2.19 안전을 지키는 첫걸음 안전 관찰 ································ 173
5.2.20 강렬한 메시지 전달 창작 포스터 ································ 176
5.2.21 위험을 읽는 안전보건 표지 ·· 179
5.2.22 마술로 전달하는 안전 메시지 ······································ 182
5.2.23 디지털 시대 스마트 활용 역량 ···································· 185
5.2.24 음악으로 전하는 안전 메시지 Safety Concert ········· 188
5.2.25 협업과 창의성의 공간 Padlet 활용법 ························· 191

5.2.26 효율적인 그룹 대화 카카오 오픈채팅 ·············· 194
　　　5.2.27 미래를 바꾸는 기술 인공지능(AI) 활용법 ·············· 197
　　　5.2.28 스토리부터 편집까지 영상 제작 기술 ·············· 202
　　　5.2.39 나의 안전 발자취 Safety Line 작성 ·············· 205
　　　5.2.30 여운을 길게 하는 스토리텔링 비법 ·············· 208
　5.3 강의 효과성 평가 ·············· 211
　　　5.3.1 퀴즈를 통한 학습 점검 Kahoot 활용 ·············· 213
　　　5.3.2 Google 설문지를 활용한 효과성 평가 ·············· 217
　　　5.3.3 강의장 열정 온도계 ·············· 220
　　　5.3.4 강의 성과평가 KEEP/STOP/BEGIN ·············· 223

참여형 교수법을 반영한 안전보건교육계획

부록 1 근로자 안전보건교육 ·············· 228
부록 2　관리감독자 안전보건교육 ·············· 230
부록 3 안전보건 워크숍 ·············· 233
부록 4 참여형 교수법 강사(1급, 2급) 교육과정 ·············· 235

찾아보기 • 235
참고문헌 • 238
관련 도구 및 소프트웨어 안내 • 240
에필로그 • 241

서문

"오늘도 안전교육 시간입니다."

이 말을 들으면 어떤 생각이 드시나요? 아마도 대부분은 '또 앉아서 듣기만 하는 시간'이라고 떠올릴 것입니다. 교육자는 열심히 설명하고 근로자들은 조용히 앉아 있지만 정작 마음은 다른 곳에 있습니다. 교육이 끝나고 현장으로 돌아가면 배운 내용은 금세 잊혀지고 예전과 똑같은 방식으로 일합니다.

이것이 바로 지금 우리 안전교육의 현실입니다.

산업현장에서는 법으로 정한 안전교육 시간을 빠짐없이 채우고 있습니다. 하지만 산업재해는 여전히 줄어들지 않고 있습니다. 왜 그럴까요?

문제는 교육 내용이 나쁘거나 부족해서가 아닙니다. **어떻게 가르치느냐**에 달려 있습니다. 아무리 좋은 내용도 듣기만 하면 머릿속에 남지 않습니다.

연구 결과에 따르면, 사람들이 강의를 듣기만 하면 5%만 기억하고, 직접 강의에 참여하여 다른 사람을 가르치면 90%까지 기억할 수 있다고 했습니다. 무려 18배 차이입니다.

이 책은 바로 그 차이를 만드는 방법을 담았습니다. 어려운 이론이 아닌, 실제 현장에서 적용할 수 있는 실용적인 방법에 대하여 참여형 교수법을 교육에 접목한 10년간의 경험을 바탕으로 만들었습니다.

안전교육이 지루한 의무에서 벗어나 정말로 생명을 지키는 도구가 되도록 함께 변화를 시작해봅시다.

이 책의 목적

잠자는 교육을 깨워내기

지금까지 안전교육은 교육자가 말하고 학습자가 듣는 방식이었습니다. 이제는 학습자가 직접 참여하고 체험하며 서로 나누는 교육으로 바꿔야 합니다. 단순히 시간만 채우는 교육에서 진짜 안전의식을 키우는 교육으로 완전히 바꾸는 것이 첫 번째 목표입니다.

모든 교육 담당자의 실력 높이기

안전교육에 관련된 모든 사람이 각자 맡은 역할에서 최고가 될 수 있도록 돕겠습니다. 교육을 기획하는 사람은 체계적인 설계 방법을, 직접 가르치는 교육자는 실전 기술을, 관리자는 성과 측정 방법을, 현장 담당자는 운영 노하우를 배울 수 있습니다.

눈에 보이는 교육 성과 만들기

교육에 투자한 시간과 비용만큼 확실한 결과를 얻어야 합니다. 과학적인 방법으로 교육 효과를 측정하고 지속적으로 개선해 나가는 시스템을 만들겠습니다. 막연한 느낌이 아닌 구체적인 숫자로 교육성과를 보여드리겠습니다.

회사 전체 안전문화 만들기

한 사람 한 사람의 변화가 팀 전체로, 그리고 회사 전체의 안전문화로 번져 나가도록 하겠습니다. 교육받은 개인이 바뀌고 그 사람이 속한 팀이 바뀌며, 결국 조직 전체가 안전을 최우선으로 생각하는 문화를 만드는 것이 최종 목표입니다.

이 책을 통하여 얻을 수 있는 것

당장 이용할 수 있는 교육 도구 38가지

책에 나온 모든 방법은 내일 당장 여러분의 교육에서 사용할 수 있습니다. 미소 만들기부터 인공지능 활용까지, 간단한 것부터 첨단 기술까지 38가지 방법을 준비물과 진행 순서를 포함해서 자세히 알려드립니다. 교육 경험이 많지 않아도 설명서만 따라하면 쉽게 활용할 수 있도록 만들었습니다.

교육을 과학적으로 설계하는 능력

감에 의존하지 않고 체계적으로 교육을 만드는 방법을 배웁니다. 누구를 대상으로 하는지 분석하고 명확한 목표를 세우며, 효과적인 방법을 선택하고 결과를 정확히 평가하는 전 과정을 익힙니다. 국가 표준에 맞는 전문적인 교육 설계 능력도 갖추게 됩니다.

교육 효과를 정확히 측정하는 방법

교육이 정말 효과가 있었는지 어떻게 알 수 있을까요? 다양한 평가 도구를 사용해서 교육 효과를 객관적으로 측정하는 방법을 배웁니다. 실시간으로 반응을 확인하고 장기적인 행동 변화까지 추적할 수 있는 시스템을 만들 수 있습니다.

교육 전문가로서의 자신감

단순히 정해진 내용을 전달하는 사람이 아니라, 학습자의 마음을 움직이고 변화를 이끌어내는 전문가가 됩니다. 또한 우리 앞에서 성큼 다가온 인공지능(AI) 시대에도 대응할 수 있는 미래형 교육 역량을 갖추게 되며 안전 분야뿐만 아니라 어떤 교육에서도 활용할 수 있는 평생 기술을 얻게 됩니다.

독자 안내

안전보건교육자님께

현장에서 직접 교육하시는 교육자님에게는 즉시 사용할 수 있는 38가지 기법이 가장 큰 도움이 될 것입니다. 학습자들이 스스로 깨달음을 얻을 수 있도록 이끄는 진행자가 되는 방법을 배웁니다. 각 방법마다 언제 어떻게 사용하는지 상세하게 안내되어 있어 자신감 있게 교육을 진행할 수 있습니다.

교육 기획·관리 담당자님께

교육을 기획하고 관리하시는 분에게는 체계적인 교육 설계와 성과관리 방법이 핵심입니다. 과학적 근거를 바탕으로 교육 계획을 세우고 투자한 만큼 확실한 성과를 얻는 방법을 배웁니다. 객관적인 데이터로 교육 효과를 증명하고 경영진을 설득할 수 있는 전략적 관리 능력을 기를 수 있습니다.

현장 관리감독자님께

현장에서 직원들을 관리하면서 안전교육도 함께 하시는 분들에게는 간단하면서도 강력한 현장 맞춤 기법들을 제공합니다. 복잡한 이론보다는 바쁜 현장에서 짧은 시간에 큰 효과를 낼 수 있는 실용적인 방법들입니다. 일상적인 업무 지도 과정에서 자연스럽게 안전의식을 높이는 리더십을 발휘할 수 있습니다.

교육에 관심 있는 모든 분께

안전 분야가 아니더라도 교육에 관심이 있는 분들에게는 어떤 분야에서든 활용할 수 있는 교육 원리를 배우게 됩니다. 사람이 어떻게 배우는지, 효과적인 교육의 원리는 무엇인지를 배우게 됩니다. 개인 학습부터 회사 교육까지 폭넓게 활용할 수 있는 교육 혁신 아이디어를 얻을 수 있습니다.

이 책의 약속

현장에서 바로 쓸 수 있습니다

이 책의 모든 방법은 여러분이 내일 당장 사용할 수 있습니다. 특별한 장비나 복잡한 준비 없이도 일반적인 교육 환경에서 바로 적용할 수 있도록 만들었습니다. 각 방법마다 필요한 준비물, 진행 순서, 예상 시간, 주의할 점까지 자세히 설명되어 있습니다.

검증된 방법만 담았습니다

책에 실린 모든 내용은 실제 교육 현장에서 효과가 입증된 방법들입니다. 이론으로만 그치지 않고 10년 이상 다양한 현장에서 쌓인 경험과 데이터를 바탕으로 여러분도 같은 성과를 낼 수 있도록 구성했습니다.

누구나 쉽게 시작할 수 있습니다

교육 경험이 적거나 참여형 교육이 처음인 분들도 부담 없이 시작할 수 있습니다. 어려운 교육 이론을 모르셔도 됩니다. 실무 가이드를 차근차근 따라서 하다 보면 자연스럽게 참여형 교육의 핵심을 익히게 됩니다. 각자의 상황과 수준에 맞는 활용법을 제시하여 모든 독자가 성공할 수 있도록 돕겠습니다.

평생 도움이 되는 동반자입니다

이 책은 한 번 읽고 마는 책이 아닙니다. 여러분의 교육 역량이 성장하는 평생 파트너가 되겠습니다. 경험이 쌓일 때마다 새로운 깨달음을 얻을 수 있도록 깊이 있게 구성했습니다. 처음에는 기본 기법을 익히고 나중에는 창의적으로 응용하며, 결국은 여러분만의 독특한 교육 스타일을 만들어갈 수 있도록 지원하겠습니다.

이 네 가지 약속으로 여러분의 교육이 완전히 달라질 것을 보장합니다.

제1장

참여형 교수법을 이해하다

제1장 참여형 교수법을 이해하다

1.1 참여형 교수법의 기본 이해

참여형 교수법이란 무엇인가?

참여형 교수법(Participatory Teaching Method)은 학습자가 교육의 중심이 되어 능동적으로 참여하고 상호작용하는 교육 방식입니다. 전통적인 교육에서는 교육자가 일방적으로 지식을 전달하고 학습자는 수동적으로 받아들이는 구조였다면, 참여형 교수법은 학습자가 직접 참여하고 경험하며 서로 협력하여 학습하는 구조로 설계됩니다.

이 교수법의 핵심은 학습자를 교육의 '대상'에서 '주체'로 전환시키는 데 있습니다. 학습자들은 단순히 정보를 듣고 암기하는 것이 아니라 스스로 탐구하고 토론하며 문제를 해결하는 과정을 통해 깊이 있는 학습을 경험하게 됩니다. 이러한 과정에서 학습자들은 자연스럽게 학습 동기가 높아지고 학습내용을 더 오래 기억하며 실제 상황에서 적용할 수 있는 능력을 기르게 됩니다.

경험학습 이론과 참여형 교수법의 연결

참여형 교수법의 이론적 기반은 콜브(Kolb)의 경험학습 이론에서 찾을 수 있습니다. 콜브는 효과적인 학습이 네 단계의 순환 과정을 통해 이루어진다고 제시했습니다. 이 네 단계는 구체적 경험, 반성적 관찰, 추상적 개념화, 능동적 실험으로 구성됩니다.

첫 번째 단계인 구체적 경험에서는 학습자가 직접적이고 즉각적인 경험을 하게 됩니다. 안전보건교육에서는 실제 작업 현장을 체험하거나 사고 상황을 시뮬레이션하는 것이 이에 해당합니다.

두 번째 단계인 반성적 관찰에서는 자신의 경험을 다양한 관점에서 돌아보고 분석합니다. 동료들과 함께 경험을 공유하고 토론하며 새로운 시각을 얻는 과정입니다.

세 번째 단계인 추상적 개념화에서는 관찰된 내용을 바탕으로 일반적인 원리나 개념을 형성합니다. 경험과 관찰을 통해 얻은 통찰을 체계적인 지식으로 정리하는 과정입니다.

마지막 단계인 능동적 실험에서는 새롭게 형성된 개념을 실제 상황에 적용해보며 교육의 효과성을 검증합니다. 이 과정을 통해 학습자는 이론과 실무를 연결하는 능력을 기르게 됩니다.

참여형 교수법은 바로 이러한 경험학습의 순환 과정을 교육 현장에서 체계적으로 구현하는 방법입니다. 학습자들이 각 단계를 순환하며 경험할 수 있도록 다양한 참여 활동을 설계하고 운영하는 것이 참여형 교수법의 핵심입니다.

안전보건교육에서의 실천적 의미

안전보건교육 분야에서 참여형 교수법은 특별한 의미를 갖습니다. 안전보건교육의 궁극적 목표는 학습자들이 실제 현장에서 안전한 행동을 실천하는 것입니다. 이는 단순히 안전 규칙을 암기하는 것을 넘어 위험 상황을 인식하고 적절히 대응할 수 있는 실무 능력을 기르는 것을 의미합니다.

전통적인 강의식 교육으로는 이러한 실무 능력을 기르기에 한계가 있습니다. 안전 규칙을 일방적으로 설명하고 학습자들이 듣기만 하는 방식으로는 실제 위험 상황에서 필요한 판단력과 대응 능력을 기를 수 없습니다. 반면 참여형 교수법을 통해 학습자들이 직접 위험 상황을 체험하고 동료들과 함께 해결 방안을 모색하며, 실제로 안전한 행동을 연습해보는 과정을 거치면 훨씬 효과적인 학습이 가능합니다.

예를 들어, 화재 대피 교육에서 단순히 대피 절차를 설명하는 것보다는 학습자들이 직접 대피 훈련에 참여하고, 각자의 경험을 공유하며, 개선 방안을 함께 논의하는 과정을 통해

제1장 참여형 교수법을 이해하다

더 실질적인 안전 역량을 기를 수 있습니다. 이러한 방식은 학습자들에게 안전에 대한 책임감과 주인의식을 심어주는 효과도 있습니다.

참여형 교수법의 구체적 효과

참여형 교수법을 적용했을 때 나타나는 효과는 여러 측면에서 확인할 수 있습니다.

첫째, 먼저 학습자들의 능동적 참여가 현저히 증가합니다. 수동적으로 듣기만 하던 학습자들이 자발적으로 질문하고 토론에 참여하며, 자신의 경험을 적극적으로 공유하게 됩니다. 이는 학습에 대한 흥미와 동기가 높아진다는 것을 의미합니다.

둘째, 학습내용에 대한 이해도와 기억률이 향상됩니다. 직접 경험하고 토론한 내용은 단순히 들은 것보다 훨씬 오래 기억에 남고 실제 상황에서 적용할 수 있는 실용적 지식으로 전환됩니다. 이는 뒤에 소개할 학습 피라미드 이론과도 일치하는 결과입니다.

셋째, 학습자들의 문제 해결 능력과 창의적 사고력이 개발됩니다. 정해진 답을 암기하는 것이 아니라 스스로 문제를 분석하고 해결 방안을 모색하는 과정을 통해 비판적 사고력과 창의성이 자연스럽게 향상됩니다.

마지막으로, 협력적 학습 문화가 조성됩니다. 학습자들이 서로 도우며 함께 학습하는 과정에서 팀워크와 의사소통 능력이 향상되고 이는 실제 작업 현장에서도 긍정적인 영향을 미치게 됩니다.

실증적 성과 사례

이러한 이론적 효과는 실제 교육 현장에서도 입증되고 있습니다. 2024년 저자가 실시한 안전보건교육에서 참여형 교수법을 적용한 결과 놀라운 성과를 거두었습니다. 총 275명의 학습자 중 96%가 강의식 교육보다 참여식 교육이 더 효과가 있었고 학습과정에도 매우 적극적으로 참여했다고 응답했습니다.

더 중요한 것은 이러한 높은 참여율이 단순히 수치적 성과에 그치지 않고 실질적인 학습 효과로 연결되었다는 점입니다. 참가자들의 교육 만족도가 현저히 향상되었을 뿐만 아니라 교육 후 실제 작업 현장에서의 안전 행동도 눈에 띄게 개선되었습니다. 이는 참여형 교수법이 교육의 궁극적 목표인 행동 변화까지 이끌어낼 수 있는 효과적인 방법임을 보여주는 사례입니다.

교육공학적 관점에서의 참여형 교수법

교육공학은 학습 효과를 극대화하기 위해 교육 과정을 체계적으로 설계하고 운영하는 학문 분야입니다. 교육공학적 관점에서 참여형 교수법을 살펴보면 단순한 교육 기법을 넘어 체계적이고 과학적인 교육 설계 원리임을 알 수 있습니다.

참여형 교수법은 교육공학의 핵심 원리들을 충실히 반영하고 있습니다. 학습자 중심의 설계, 상호작용적 학습 환경 조성, 다양한 매체와 도구의 활용, 지속적인 피드백 제공 등이 모두 교육공학에서 강조하는 요소들입니다. 이러한 원리들이 참여형 교수법에서 유기적으로 결합되어 시너지 효과를 창출하게 됩니다.

또한 참여형 교수법은 개별 학습자의 특성과 요구를 고려한 개인화된 학습 경험을 제공할 수 있습니다. 같은 활동이라도 학습자마다 다른 경험을 하고 다른 통찰을 얻을 수 있으며 이러한 다양성이 오히려 전체 학습 효과를 향상시키는 역할을 합니다.

참여형 교수법의 기본 이해를 바탕으로 이제 이 교수법이 왜 필요한지 구체적인 근거를 살펴보겠습니다.

제1장 참여형 교수법을 이해하다

1.2 왜 참여형 교수법인가?

전통적 교육 방식의 한계와 현실

우리가 지금까지 경험해온 대부분의 교육은 교육자가 앞에서 설명하고 학습자들이 조용히 앉아서 듣는 방식이었습니다. 이러한 전통적 교육 방식은 많은 사람에게 효율적으로 정보를 전달할 수 있다는 장점이 있지만, 실제 학습 효과 측면에서는 심각한 한계를 드러내고 있습니다.

가장 근본적인 문제는 학습자들이 수동적인 정보 수용자로 머물게 된다는 점입니다. 교육자의 일방적인 설명을 듣기만 하는 학습자들은 자신만의 생각을 발전시킬 기회가 제한되며 학습내용을 자신의 경험이나 상황과 연결해볼 여유도 없습니다. 특히 안전보건교육처럼 실제 현장에서의 적용이 중요한 분야에서는 이러한 수동적 학습 방식으로는 진정한 행동 변화를 기대하기 어렵습니다.

또한 현재의 학습자들은 과거와는 완전히 다른 환경에서 성장한 세대입니다. 디지털 기술에 둘러싸여 자란 이들은 상호작용과 즉각적인 피드백에 익숙하며, 정보를 단순히 받아들이기보다는 능동적으로 탐색하고 가공하는 것을 선호합니다. 이러한 학습자들에게 일방향적 정보 전달 방식은 더 효과적이지 않으며 학습 참여도와 집중도가 현저히 떨어지는 결과를 가져오고 있습니다.

능동적 학습이 가져오는 변화

참여형 교수법이 필요한 첫 번째 이유는 능동적 학습의 강력한 효과 때문입니다. 학습자가 직접 참여하고 경험하는 능동적 학습에서는 단순히 정보를 기억하는 것을 넘어 깊이 있는 이해와 통찰이 일어납니다. 이는 뇌과학 연구에서도 입증된 사실로, 능동적으로 참여할 때 뇌의 더 많은 영역이 활성화되어 학습 효과가 극대화됩니다.

능동적 학습에서 학습자들은 자신의 기존 경험과 새로운 정보를 연결하며 의미 있는 학습을 경험합니다. 예를 들어, 안전사고 사례를 단순히 듣기만 하는 것과 직접 분석하고 토론하는 것은 완전히 다른 학습 경험을 제공합니다. 후자의 경우 학습자들은 사고의 원인을 스스로 파악하고 예방 방안을 함께 모색하며 자신의 작업 환경과 연결하여 구체적인 적용 방안을 도출할 수 있습니다.

이러한 능동적 학습 과정에서 학습자들은 자연스럽게 비판적 사고력을 기르게 됩니다. 정해진 답을 암기하는 것이 아니라 스스로 문제를 분석하고 해결 방안을 모색하는 과정에서 논리적 사고력과 창의적 문제 해결 능력이 향상됩니다. 이는 변화하는 작업 환경에서 새로운 위험 요소에 대응하기 위해 반드시 필요한 능력입니다.

개인차 존중과 맞춤형 학습의 실현

참여형 교수법이 필요한 두 번째 이유는 학습자 개인의 특성과 요구를 존중할 수 있다는 점입니다. 모든 학습자는 서로 다른 배경지식, 경험, 학습 스타일, 관심사를 가지고 있습니다. 전통적인 획일적 교육 방식으로는 이러한 개인차를 반영하기 어렵지만 참여형 교수법에서는 각 학습자가 자신만의 방식으로 학습에 참여할 수 있는 다양한 기회를 제공할 수 있습니다.

신입 근로자와 경험이 많은 근로자는 안전에 대한 이해 수준과 관심사가 다릅니다. 신입 근로자는 기본적인 안전 규칙과 절차에 대한 학습이 우선이지만 경험이 많은 근로자는 새로운 위험 요소나 복잡한 상황에서의 판단 능력 향상에 더 관심이 있을 수 있습니다. 참여형 교수법에서는 같은 주제라도 각자의 수준과 관심에 맞게 다르게 접근할 수 있어 모든

제1장 참여형 교수법을 이해하다

학습자에게 의미 있는 학습 경험을 제공할 수 있습니다.

또한 참여형 교수법에서는 학습자들이 자신의 학습 과정을 스스로 조절할 수 있는 기회를 제공합니다. 자신이 잘 이해한 부분과 더 학습이 필요한 부분을 스스로 파악하고 동료들과의 상호작용을 통해 부족한 부분을 보완해 나갈 수 있습니다. 이러한 자기 주도적 학습 능력은 평생학습 시대에서 매우 중요한 역량입니다.

협력적 학습과 집단 지성의 활용

참여형 교수법이 필요한 세 번째 이유는 협력적 학습을 통한 집단 지성의 활용입니다. 혼자서 학습할 때보다 여러 사람이 함께 학습할 때 더 풍부하고 다양한 관점을 얻을 수 있으며, 이는 학습의 질을 향상시키는 중요한 요소입니다.

안전보건 분야에서는 다양한 작업 환경과 상황에서의 경험이 매우 중요합니다. 각 학습자가 가진 서로 다른 현장 경험과 안전 사례들을 공유하고 토론하는 과정에서 모든 참가자는 개별적으로는 얻을 수 없었던 폭넓은 지식과 통찰을 얻게 됩니다. 이는 마치 여러 개의 퍼즐 조각이 모여 완전한 그림을 만드는 것과 같은 효과를 가져옵니다.

협력적 학습 과정에서 학습자들은 자연스럽게 의사소통 능력과 팀워크 스킬을 기르게 됩니다. 자신의 생각을 명확하게 표현하고 다른 사람의 의견을 경청하며, 서로 다른 관점을 조율하여 합의점을 찾아가는 과정은 실제 작업 현장에서도 매우 유용한 능력입니다. 특히 안전보건 분야에서는 동료들과의 원활한 소통과 협력이 사고 예방에 직접적인 영향을 미치므로 더욱 중요합니다.

창의성과 혁신적 사고의 개발

참여형 교수법이 필요한 네 번째 이유는 창의성과 혁신적 사고 능력의 개발입니다. 급변하는 산업 환경에서는 기존의 방식만으로는 해결할 수 없는 새로운 문제들이 지속하여 발생합니다. 이러한 상황에서는 창의적이고 혁신적인 접근법이 필요하며 이는 참여형 학습 환경에서 더 효과적으로 개발될 수 있습니다.

참여형 교수법에서는 정해진 답을 찾는 것보다 다양한 가능성을 탐색하고 새로운 해결책을 모색하는 과정이 중시됩니다. 브레인스토밍, 토론, 역할극 등의 활동을 통해 학습자들은 고정관념에서 벗어나 창의적으로 사고하는 연습을 하게 됩니다. 이러한 경험은 실제 작업 현장에서 예상치 못한 위험 상황에 직면했을 때 유연하고 창의적으로 대응할 수 있는 능력으로 이어집니다.

또한 참여형 교수법에서는 실패를 두려워하지 않는 문화가 조성됩니다. 다양한 시도를 하고, 실패로부터 배우며, 지속하여 개선해 나가는 과정에서 학습자들은 혁신에 대한 자신감을 기르게 됩니다. 이는 안전보건 분야에서 새로운 위험 요소를 발견하고 효과적인 대응 방안을 개발하는 데 매우 중요한 역량입니다.

학습 동기와 참여 의욕의 향상

참여형 교수법이 필요한 다섯 번째 이유는 학습 동기와 참여 의욕의 획기적 향상입니다. 수동적으로 듣기만 하는 교육에서는 학습자들이 쉽게 지루함을 느끼고 집중력이 떨어지지만 직접 참여하고 상호작용하는 교육에서는 자연스럽게 몰입하게 됩니다.

참여형 교수법에서 학습자들은 자신이 교육의 주인공이라는 느낌을 받습니다. 자신의 의견이 존중받고 경험이 가치 있게 여겨지며, 적극적인 참여가 인정받는 환경에서 학습자들은 높은 학습 동기를 유지할 수 있습니다. 이는 의무적으로 참석해야 하는 법정 교육이라는 인식에서 벗어나 자발적이고 적극적인 학습 참여로 이어집니다.

또한 참여형 교수법에서는 즉각적인 피드백과 성취감을 경험할 수 있습니다. 토론에서 좋은 의견을 제시하거나, 문제 해결에 기여하거나, 동료들로부터 인정받는 경험을 통해 학습자들은 성취감과 자신감을 얻게 됩니다. 이러한 긍정적 경험은 지속적인 학습 동기로 이어지며, 교육이 끝난 후에도 안전에 대한 관심과 학습 의욕을 유지하는 데 도움이 됩니다.

실제 행동 변화로의 연결

마지막으로, 참여형 교수법이 필요한 가장 중요한 이유는 실제 행동 변화로의 연결성입니다. 안전보건교육의 궁극적 목표는 학습자들이 실제 작업 현장에서 안전한 행동을 실천하는 것입니다. 아무리 많은 지식을 전달해도 실제 행동으로 이어지지 않으면 의미가 없습니다.

참여형 교수법에서는 학습자들이 직접 안전 행동을 연습하고 체화할 수 있는 기회를 제공합니다. 시뮬레이션, 역할극, 실습 등을 통해 안전한 행동을 반복적으로 연습함으로써 자연스럽게 몸에 익히게 만들 수 있습니다. 이는 위급 상황에서 의식적인 판단 없이도 자동적으로 안전한 행동을 할 수 있는 수준까지 학습 효과를 높입니다.

또한 참여형 교수법을 통해 형성된 안전에 대한 책임감과 주인의식은 지속적인 행동 변화의 원동력이 됩니다. 단순히 규칙을 지켜야 한다는 의무감이 아니라 자신과 동료의 안전을 지키기 위한 자발적 동기가 형성되어 장기적이고 지속적인 안전 행동으로 이어집니다.

이러한 여섯 가지 핵심 이유가 바로 우리가 참여형 교수법을 선택해야 하는 근본적인 동력입니다. 이제 이러한 필요성을 뒷받침하는 과학적 근거를 구체적으로 살펴보겠습니다.

1.3 학습 피라미드와 참여형 교수법

에드거 데일과 학습 피라미드 연구의 시작

학습 피라미드(Learning Pyramid) 이론을 처음 제시한 사람은 미국의 교육자 에드거 데일(Edgar Dale)로서 '경험의 원추(Cone of Experience)'라는 개념을 통해 다양한 학습 경험을 시각화하였습니다. 데일은 언어 기호, 시각 기호, 라디오·녹음·그림, 동영상, 전시, 견학, 시범, 극화된 경험, 구성된 경험, 직접적·목적적 경험 등 10가지 학습 경험을 피라미드 형태로 제시했습니다. 다만, 오늘날 널리 알려진 학습 피라미드(Learning Pyramid)*는 미국의 응용 행동 과학을 위한 국립 훈련 연구소(NTL, National Training Laboratories)에서 대중화한 것으로 알려져 있습니다.

이 연구가 특별한 이유는 단순한 이론적 추측이 아닌 실제 실험과 관찰을 통해 얻어진 과학적 데이터를 바탕으로 한다는 점입니다. 연구진들은 수많은 학습자들을 대상으로 다양한 교육 방법을 적용한 후, 일정 시간이 지난 뒤 학습내용을 얼마나 기억하고 있는지를 측정했습니다. 그 결과 학습 방법에 따라 기억률이 극적으로 달라진다는 놀라운 사실을 발견했습니다.

이 연구 결과는 교육계에 충격을 주었습니다. 왜냐하면 당시 교육의 주된 방식이었던 강

---

*학습피라미드의 기억률에 대해서는 학자들 간에 이견이 있으며, 인간의 기억률을 획일적으로 정할 수 없다는 주장도 존재함.

의 중심 교육의 효과가 생각보다 훨씬 낮다는 것이 객관적으로 입증되었기 때문입니다. 동시에 학습자가 적극적으로 참여하는 교육 방법들의 놀라운 효과도 함께 밝혀졌습니다.

학습 피라미드의 7단계와 충격적인 발견

학습 피라미드는 7개의 단계로 구성되어 있으며 각 단계별로 학습자의 평균 기억률을 보여줍니다. 가장 아래쪽부터 차례로 살펴보면 그 의미가 더욱 명확해집니다.

첫 번째 단계인 강의(Lecture)에서는 겨우 5%의 기억률을 보입니다. 이는 우리가 일반적으로 경험하는 교육 방식입니다. 교육자가 앞에서 설명하고 학습자들이 앉아서 듣는 방식으로, 교육이 끝나고 시간이 지나면 들었던 내용의 95%는 기억에서 사라진다는 의미입니다. 이 수치만 보더라도 전통적인 강의식 교육의 한계가 명확히 드러납니다.

두 번째 단계인 읽기(Reading)에서는 10%의 기억률을 나타냅니다. 강의보다는 조금 나은 수준이지만 여전히 매우 낮은 수치입니다. 교재나 자료를 읽는 것만으로는 장기적인 학습 효과를 기대하기 어렵다는 것을 보여줍니다.

세 번째 단계인 시청각 학습(Audiovisua)l에서는 20%의 기억률을 보입니다. 영상이나 그래픽을 활용한 교육으로, 단순한 강의나 읽기보다는 효과적이지만 여전히 학습자가 수동적인 입장에 머물러 있어 한계가 있습니다.

네 번째 단계인 시연과 데모(Demonstration)에서는 30%의 기억률을 나타냅니다. 교육자가 직접 보여주거나 실제 사례를 제시하는 방식으로, 앞의 세 단계보다는 구체적이고 현실적인 학습 경험을 제공합니다.

여기서 중요한 변화가 시작됩니다. 위의 네 단계는 모두 학습자가 수동적으로 정보를 받아들이는 방식이었다면 다음 단계부터는 학습자가 능동적으로 참여하는 방식입니다.

다섯 번째 단계인 토론 그룹(Discussion Group)에서는 50%의 기억률을 보입니다. 학습자들이 서로 대화하고 토론하는 과정에서 기억률이 급격히 향상됩니다. 이는 학습자가 단순히 듣기만 하는 것이 아니라 자신의 생각을 표현하고 다른 사람의 의견을 들으며 상호작용하기 때문입니다.

여섯 번째 단계인 실습(Practice by Doing)에서는 75%의 기억률을 나타냅니다. 직접 해보고 경험하는 학습에서 기억률이 더욱 높아집니다. 이는 몸으로 체험한 것이 머리로만 이해한 것보다 훨씬 오래 기억에 남는다는 것을 과학적으로 입증한 결과입니다.

마지막 일곱 번째 단계인 다른 사람 가르치기(Teaching Others)에서는 놀랍게도 90%의 기억률을 보입니다. 이는 학습 피라미드에서 가장 높은 수치로, 다른 사람을 가르치는 과정에서 자신의 학습이 최대한 강화된다는 것을 의미합니다.

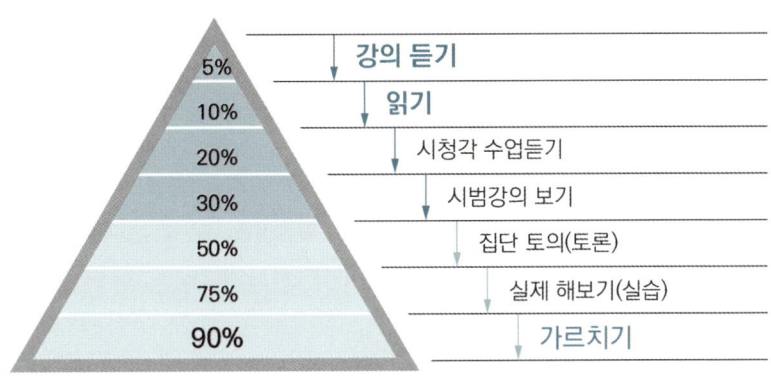

출처 : NTL(National Training Laboratories)

수동적 학습에서 능동적 학습으로의 극적 전환

학습 피라미드를 자세히 분석해보면 매우 흥미로운 패턴을 발견할 수 있습니다. 하위 4단계(강의, 읽기, 시청각, 시연)의 기억률은 5%에서 30% 사이에 머물러 있습니다. 이 단계들의 공통점은 학습자가 수동적인 역할에 머물러 있다는 것입니다. 정보를 받아들이기만 하고 적극적으로 참여하지 않는 학습 방식에서는 기억률이 현저히 낮을 수밖에 없습니다.

반면 상위 3단계(토론, 실습, 가르치기)에서는 기억률이 50%에서 90%로 급격히 향상됩니다. 이 단계들의 공통점은 학습자가 능동적으로 참여한다는 것입니다. 자신의 생각을 표현하고 직접 행동하며, 다른 사람과 상호작용하는 과정에서 학습 효과가 극대화됩니다.

이러한 차이가 발생하는 이유는 뇌과학적으로도 설명이 가능합니다. 수동적으로 정보를 받아들일 때는 뇌의 일부 영역만 활성화되지만 능동적으로 참여할 때는 뇌의 여러 영역이 동시에 활성화됩니다. 말하고, 듣고, 생각하고, 행동하는 과정에서 뇌의 다양한 영역이 협력하여 학습내용을 더 깊이 있게 처리하고 장기 기억으로 저장하게 됩니다.

안전보건교육에서의 학습 피라미드 적용

안전보건교육 분야에서 학습 피라미드의 의미는 더욱 특별합니다. 안전보건교육의 궁극적 목표는 학습자들이 실제 현장에서 안전한 행동을 실천하는 것입니다. 단순히 안전 규칙을 암기하는 것을 넘어 위험한 상황에서 적절히 판단하고 대응할 수 있는 능력을 기르는 것이 중요합니다.

전통적인 강의식 안전교육에서는 교육자가 안전 규칙과 절차를 설명하고 학습자들이 듣기만 하는 방식이 주를 이뤘습니다. 하지만 학습 피라미드 연구 결과에 따르면 이러한 방식으로는 학습자들이 교육 내용의 5%만 기억하게 됩니다. 이는 안전교육의 효과가 매우 제한적일 수밖에 없다는 것을 의미합니다.

반면 학습자들이 안전사고 사례를 함께 분석하고 토론하는 방식(토론 그룹)을 적용하면 기억률이 50%로 향상됩니다. 실제로 안전 절차를 직접 연습해보는 실습 교육을 실시하면 75%의 기억률을 달성할 수 있습니다. 그리고 경험이 많은 근로자가 신입 근로자에게 안전 수칙을 가르치는 멘토링 방식을 활용하면 90%의 기억률까지 도달할 수 있습니다.

참여형 교수법과 학습 피라미드의 완벽한 일치

학습 피라미드 연구 결과는 참여형 교수법의 효과를 과학적으로 뒷받침하는 강력한 근거가 됩니다. 참여형 교수법의 핵심 원리들이 바로 학습 피라미드의 상위 단계들과 정확히 일치하기 때문입니다.

참여형 교수법에서 강조하는 토론과 상호작용은 학습 피라미드의 다섯 번째 단계인 토론 그룹에 해당합니다. 학습자들이 서로 의견을 나누고 경험을 공유하며 함께 문제를 해결해 나가는 과정에서 50%의 기억률을 달성할 수 있습니다.

참여형 교수법에서 중시하는 체험 학습과 실습 활동은 학습 피라미드의 여섯 번째 단계인 실습에 해당합니다. 학습자들이 직접 해보고 경험하는 과정에서 75%의 높은 기억률을 얻을 수 있습니다.

참여형 교수법에서 활용하는 피어 러닝(동료 학습)이나 학습자 간 상호 교육은 학습 피라미드의 최상위 단계인 다른 사람 가르치기에 해당합니다. 학습자가 다른 학습자를 가르치는 역할을 하게 되면 90%라는 최고 수준의 기억률을 달성할 수 있습니다.

학습 피라미드가 제시하는 교육 혁신의 방향

학습 피라미드 연구는 단순히 기억률 수치를 제시하는 것을 넘어 교육 방법론의 근본적 변화 방향을 제시합니다. 효과적인 교육을 위해서는 학습자의 수동적 참여에서 능동적 참여로, 일방적 정보 전달에서 상호작용적 학습으로, 개별적 학습에서 협력적 학습으로 전환해야 한다는 명확한 메시지를 전달합니다.

특히 안전보건교육 분야에서는 이러한 전환이 더욱 절실합니다. 생명과 직결된 안전 문제에서는 학습내용이 확실히 기억되고 실제 상황에서 적용될 수 있어야 하기 때문입니다. 5%의 기억률로는 진정한 안전교육 효과를 기대할 수 없지만, 90%의 기억률을 달성한다면 실질적인 안전 행동 변화를 이끌어낼 수 있습니다.

또한 학습 피라미드는 교육 설계 시 다양한 방법을 조합하여 활용할 필요성도 시사합니다. 모든 교육을 토론이나 실습만으로 진행할 수는 없지만 전체 교육 과정에서 상위 단계의 방법들이 차지하는 비중을 늘려나갈 때 교육 효과가 극대화될 수 있습니다.

실제 현장에서의 학습 피라미드 효과 검증

학습 피라미드 이론의 효과는 실제 교육 현장에서도 입증되고 있습니다. 앞서 소개한 참여형 교수법을 적용한 안전보건교육 사례는 학습 피라미드 이론의 실현 가능성을 보여주는 생생한 증거입니다. 이러한 높은 참여율은 단순히 수치상의 성과에 그치지 않고 실질적인 학습 효과로 이어졌으며 참가자들의 교육 만족도가 현저히 향상되었을 뿐만 아니라 교육 후 실제 작업 현장에서의 안전의식과 행동도 눈에 띄게 개선되었다고 보고되었습니다. 이는 학습 피라미드의 상위 단계 방법들을 활용했을 때 나타나는 높은 기억률이 실제 행동 변화로까지 연결될 수 있음을 증명하는 사례입니다.

학습 피라미드 연구가 제시하는 과학적 근거를 바탕으로 이제 역사적으로 검증된 참여형 학습의 지혜를 살펴보겠습니다.

教육의 위대한 목표는 앎이 아니라 행동이다.

- 허버트 스펜스

1.4 하브루타 HAVRUTA 학습법

하브루타의 의미와 본질

하브루타(Havruta)는 히브리어로 '친구' 또는 '동료'를 의미하는 단어입니다. 이 단순해 보이는 용어 속에는 교육에 대한 깊은 철학과 지혜가 담겨 있습니다. 하브루타 학습법은 두 사람이 짝을 이루어 서로 질문하고 답하며 토론하는 학습 방식으로 200년 이상의 오랜 전통을 가진 유대교의 대표적인 학습 방법입니다.

하브루타의 핵심은 혼자서 조용히 공부하는 것이 아니라 학습 파트너와 함께 대화하고 토론하며 배우는 것입니다. 이는 단순히 두 사람이 함께 앉아 있는 것을 의미하지 않습니다. 서로 다른 관점에서 같은 내용을 바라보고, 끊임없이 질문을 던지며 때로는 격렬하게 토론하면서 진리에 한 걸음씩 다가가는 것이 하브루타의 진정한 모습입니다.

이러한 학습 방식에서 가장 중요한 것은 질문입니다. 하브루타에서는 정답을 찾는 것보다 좋은 질문을 만드는 것을 더 중요하게 여깁니다. "왜 그럴까?", "정말 그런가?", "다른 방법은 없을까?"와 같은 질문들이 학습의 출발점이 되며 이러한 질문들을 통해 학습자들은 수동적인 지식 수용자에서 능동적인 지식 탐구자로 변화하게 됩니다.

200년을 이어온 역사적 전통과 문화적 배경

하브루타 학습법의 역사는 200년이 넘는 긴 세월에 걸쳐 형성되고 발전되어 왔습니다.

이는 단순한 교육 기법이 아니라 하나의 문화이자 생활 방식으로 자리 잡았음을 의미합니다. 유대교 공동체에서 하브루타는 단순히 학교에서만 사용되는 방법이 아니라 일상생활 속에서 자연스럽게 이루어지는 학습과 소통의 방식이었습니다.

유대교 전통에서 하브루타가 중시된 이유는 그들의 종교적, 철학적 배경과 밀접한 관련이 있습니다. 유대교에서는 경전을 해석하고 이해하는 과정에서 다양한 관점과 해석이 공존할 수 있다고 봅니다. 절대적인 하나의 해석보다는 여러 가지 가능한 해석을 탐구하고 토론하는 과정 자체를 중요하게 여기는 것입니다.

이러한 문화적 배경 속에서 하브루타는 단순한 학습 방법을 넘어 사고하는 방식, 소통하는 방식, 문제를 해결하는 방식으로 발전했습니다. 어려서부터 하브루타 방식으로 학습한 사람들은 자연스럽게 다양한 관점에서 사물을 바라보고 비판적으로 사고하며 다른 사람과 건설적으로 토론하는 능력을 기르게 됩니다.

특히 주목할 점은 하브루타가 계급이나 나이에 관계 없이 평등한 관계에서 이루어진다는 것입니다. 스승과 제자의 수직적 관계가 아니라, 동등한 학습 파트너로서 서로를 존중하며 함께 배워나가는 수평적 관계를 기반으로 합니다. 이는 현대 참여형 교육에서 강조하는 학습자 중심, 상호 존중의 원리와 정확히 일치합니다.

하브루타 학습법의 기본 원리

하브루타 학습법은 몇 가지 핵심적인 원리 위에서 작동합니다. 첫 번째 원리는 질문 중심의 학습입니다. 하브루타에서는 답을 암기하는 것보다 좋은 질문을 만드는 것을 더 중요하게 생각합니다. 학습자들은 학습내용에 대해 끊임없이 "왜?", "어떻게?", "정말로?"라는 질문을 던지며 이러한 질문들을 통해 표면적인 이해를 넘어 깊이 있는 통찰에 도달하게 됩니다.

두 번째 원리는 대화와 토론을 통한 학습입니다. 하브루타에서는 혼자서 묵묵히 공부하는 것이 아니라 파트너와 함께 대화하며 학습합니다. 자신의 생각을 말로 표현하는 과정에서 생각이 더욱 명확해지고 상대방의 다른 관점을 들으면서 새로운 시각을 얻게 됩니다. 때로는 의견이 충돌하고 격렬한 토론이 벌어지기도 하지만, 이러한 과정 자체가 학습의 중요한 부분입니다.

세 번째 원리는 상호 교육과 학습입니다. 하브루타에서는 한 사람이 일방적으로 가르치고 다른 사람이 배우는 것이 아니라 두 사람이 서로 가르치고 배우는 관계입니다. 오늘은 내가 상대방에게 어떤 내용을 설명하고, 내일은 상대방이 나에게 다른 내용을 설명하는 식으로 역할이 계속 바뀝니다. 이는 앞서 살펴본 학습 피라미드의 최상위 단계인 '다른 사람 가르치기'의 효과를 자연스럽게 구현하는 방식입니다.

네 번째 원리는 경청과 존중의 문화입니다. 하브루타에서는 자신의 의견을 주장하는 것만큼 상대방의 의견을 경청하는 것도 중요합니다. 아무리 다른 관점이라 하더라도 상대방의 의견을 존중하고 그 속에서 배울 점을 찾으려고 노력합니다. 이러한 태도는 학습 효과를 높일 뿐만 아니라 인간관계와 소통 능력도 향상시킵니다.

하브루타 학습법의 교육적 효과

하브루타 학습법이 200년 이상 지속되어 온 이유는 그 탁월한 교육적 효과 때문입니다. 첫 번째 효과는 깊이 있는 이해와 통찰입니다. 단순히 정보를 암기하는 것이 아니라 끊임없는 질문과 토론을 통해 학습내용의 본질을 파악하고 깊이 있게 이해하게 됩니다. 표면적인 지식을 넘어 원리와 배경까지 이해하게 되어 응용력과 창의력이 향상됩니다.

두 번째 효과는 비판적 사고력의 개발입니다. 하브루타에서는 어떤 내용이든 무작정 받아들이지 않고 비판적으로 검토합니다. "정말 그럴까?", "다른 가능성은 없을까?"라는 질문을 통해 학습자들은 자연스럽게 비판적 사고 능력을 기르게 됩니다. 이는 현대 사회에서 가짜 정보가 넘쳐나는 상황에서 매우 중요한 능력입니다.

세 번째 효과는 의사소통 능력의 향상입니다. 하브루타에서는 자신의 생각을 명확하고 논리적으로 표현해야 하고 상대방의 의견을 정확히 이해해야 합니다. 이러한 과정을 반복하면서 자연스럽게 설명 능력, 경청 능력, 토론 능력이 향상됩니다. 이는 현대 직장에서 요구되는 핵심 역량 중 하나입니다.

네 번째 효과는 학습 동기와 즐거움의 증가입니다. 혼자서 조용히 공부하는 것보다 파트너와 함께 대화하고 토론하며 배우는 것이 훨씬 흥미롭고 즐겁습니다. 새로운 발견의 기쁨, 토론의 재미, 함께 배우는 즐거움이 학습 동기를 높이고 지속적인 학습으로 이어집니다.

제1장 참여형 교수법을 이해하다

안전보건교육에서의 하브루타 적용 가능성

하브루타 학습법의 원리들은 안전보건교육에서도 매우 유용하게 적용될 수 있습니다. 안전보건교육에서 하브루타 방식을 도입하면 학습자들이 안전 규칙을 단순히 암기하는 것을 넘어 그 이유와 배경을 깊이 있게 이해할 수 있습니다.

예를 들어, 개인보호구 착용에 대한 교육에서 "왜 이 보호구를 착용해야 할까?", "착용하지 않으면 어떤 위험이 있을까?", "다른 방법은 없을까?"와 같은 질문들을 통해 학습자들은 보호구 착용의 필요성을 스스로 깨닫게 됩니다. 이는 단순히 "착용하라"라는 지시를 받는 것보다 훨씬 강력한 동기 부여 효과를 가져옵니다.

또한 안전사고 사례를 분석할 때도 하브루타 방식이 매우 효과적입니다. 두 명의 학습자가 짝을 이루어 사고 원인을 함께 분석하고 예방 방법을 토론하며, 자신들의 작업 환경에서는 어떻게 적용할 수 있을지 논의하는 과정에서 훨씬 실질적이고 깊이 있는 학습이 이루어집니다.

경험이 많은 근로자와 신입 근로자가 짝을 이루어 하브루타 방식으로 학습하면 상호 교육의 효과도 얻을 수 있습니다. 경험자는 신입자에게 실무 경험을 전수하고 신입자는 새로운 관점과 궁금증을 제시하여 경험자도 새롭게 배우는 기회를 갖게 됩니다.

현대 교육에서의 하브루타 가치와 적용

하브루타 학습법이 현대 교육에서 다시 주목받는 이유는 그것이 현재 교육계에서 추구하는 가치들과 정확히 일치하기 때문입니다. 학습자 중심 교육, 능동적 학습, 협력 학습, 비판적 사고 등 현대 교육의 핵심 개념들이 모두 하브루타에 포함되어 있습니다.

특히 4차 산업혁명 시대에는 정보를 단순히 암기하는 능력보다는 정보를 분석하고 활용하는 능력, 다른 사람과 협력하는 능력, 창의적으로 문제를 해결하는 능력이 더 중요해지고 있습니다. 하브루타 학습법은 바로 이러한 미래 역량들을 기르는 데 탁월한 효과를 보입니다.

또한 하브루타는 개인의 학습 능력뿐만 아니라 조직의 학습 문화도 개선할 수 있습니다. 하브루타 방식에 익숙한 사람들은 서로 다른 의견을 존중하고 건설적인 토론을 통해 더 나은 해결책을 찾아가는 문화를 만들어갑니다. 이는 조직의 혁신 역량과 문제 해결 능력을 크게 향상시킵니다.

하브루타와 참여형 교수법의 완벽한 조화

하브루타 학습법과 현대의 참여형 교수법은 놀라울 정도로 많은 공통점을 가지고 있습니다. 두 방법론 모두 학습자의 능동적 참여를 중시하고 상호작용을 통한 학습을 강조하며 질문과 토론을 학습의 핵심 동력으로 봅니다.

하브루타의 질문 중심 학습은 참여형 교수법의 탐구 학습과 일치하고, 하브루타의 대화와 토론은 참여형 교수법의 협력 학습과 같은 맥락입니다. 하브루타의 상호 교육은 참여형 교수법의 피어 러닝(동료 학습)과 완전히 동일한 개념입니다.

이러한 일치는 우연이 아닙니다. 진정으로 효과적인 학습의 원리는 시대와 문화를 초월하여 보편적으로 적용되기 때문입니다. 200년 전 유대교 공동체에서 발견한 학습의 지혜와 현대 교육학에서 과학적으로 검증한 학습 원리가 같다는 것은 이러한 원리들이 얼마나 보편적이고 근본적인 것인지를 보여줍니다.

하브루타 학습법의 지혜를 바탕으로 이제 이러한 참여형 학습을 실제 교육 현장에서 구현하는 구체적인 방법인 퍼실리테이션 기법을 살펴보겠습니다.

1.5 퍼실리테이션 기법

퍼실리테이션의 개념과 본질

퍼실리테이션(Facilitation)은 라틴어 'facilis'에서 유래된 용어로 '쉽게 하다', '촉진하다'라는 의미를 가지고 있습니다. 이 단어의 어원이 보여주듯이 퍼실리테이션의 핵심은 무언가를 강제로 이끌어가는 것이 아니라 자연스럽게 일어날 수 있도록 도와주고 촉진하는 것입니다. 교육 현장에서 퍼실리테이션은 학습자들의 참여와 상호작용을 촉진하여 학습이 원활하게 이루어지도록 돕는 기술과 과정을 의미합니다.

전통적인 교육에서 교육자는 지식의 전달자 역할을 했습니다. 교육자가 가진 지식을 학습자들에게 일방적으로 전달하는 것이 주된 역할이었습니다. 하지만 퍼실리테이션에서 교육자의 역할은 완전히 달라집니다. 퍼실리테이터는 직접적인 지식 전달자가 아니라 학습 과정의 안내자이자 촉진자 역할을 합니다. 학습자들이 스스로 탐구하고 발견하며 상호작용할 수 있도록 환경을 조성하고 과정을 이끌어가는 것이 퍼실리테이터의 핵심 역할입니다.

이러한 역할 변화는 단순한 기법의 변화가 아니라 교육에 대한 철학적 관점의 전환을 의미합니다. 퍼실리테이션은 모든 학습자가 이미 가치 있는 경험과 지식을 가지고 있다고 전제합니다. 따라서 퍼실리테이터의 역할은 이러한 개별적 지식과 경험들이 서로 만나고 융합되어 새로운 통찰과 학습을 창출할 수 있도록 돕는 것입니다.

퍼실리테이션의 핵심 원리

퍼실리테이션이 효과적으로 작동하기 위해서는 몇 가지 핵심 원리를 이해하고 적용해야 합니다.

첫 번째 원리는 학습자 중심성입니다. 퍼실리테이션에서는 퍼실리테이터(Facilitator)가 아니라 학습자가 학습 과정의 중심에 위치합니다. 퍼실리테이터는 뒤에서 조용히 지원하는 역할을 하며, 학습자들이 스스로 답을 찾아갈 수 있도록 도와줍니다.

두 번째 원리는 상호작용의 촉진입니다. 퍼실리테이션의 핵심은 학습자들 간의 활발한 상호작용을 이끌어내는 것입니다. 혼자서 생각하는 것보다 여러 사람이 함께 생각하고 토론할 때 더 풍부하고 창의적인 아이디어가 나올 수 있다고 봅니다. 따라서 퍼실리테이터는 모든 참가자가 편안하게 자신의 의견을 표현하고 다른 사람의 의견을 들을 수 있는 환경을 만드는 데 집중합니다.

세 번째 원리는 과정에 대한 신뢰입니다. 퍼실리테이션에서는 미리 정해진 결과를 얻기 위해 학습자들을 특정 방향으로 유도하지 않습니다. 대신 올바른 과정을 통해 진행하면 자연스럽게 좋은 결과가 나올 것이라고 신뢰합니다. 이는 때로는 예상치 못한 방향으로 토론이 진행될 수 있지만 그 과정에서 더 값진 학습이 일어날 수 있다는 믿음에 기반합니다.

네 번째 원리는 다양성의 존중입니다. 퍼실리테이션에서는 서로 다른 관점과 경험을 가진 사람들이 만나 상호작용하는 것을 매우 소중하게 여깁니다. 이러한 다양성이야말로 창의적이고 혁신적인 아이디어가 탄생할 수 있는 토양이라고 봅니다. 따라서 퍼실리테이터는 소수 의견이나 다른 관점도 충분히 표현될 수 있도록 세심하게 배려합니다.

퍼실리테이션의 진행 과정과 단계별 기법

효과적인 퍼실리테이션을 위해서는 체계적인 진행 과정을 이해하고 각 단계에 맞는 적절한 기법을 활용해야 합니다. 퍼실리테이션의 전체 과정은 크게 네 단계로 나누어 볼 수 있습니다.

첫 번째 단계는 **환경 조성 단계**입니다. 이 단계에서는 학습자들이 편안하고 자유롭게 참여할 수 있는 물리적, 심리적 환경을 만드는 것이 중요합니다. 좌석 배치부터 시작해서 조명, 온도, 소음 등 물리적 환경을 점검하고 무엇보다 학습자들이 서로에게 편안함을 느낄 수 있도록 분위기를 조성해야 합니다. 이를 위해 간단한 아이스브레이킹(Ice Breaking) 활동을 진행하거나 그라운드 룰을 함께 설정하는 등의 활동이 유용합니다.

두 번째 단계는 **참여 유도 단계**입니다. 환경이 조성되었다면 이제 모든 학습자가 적극적으로 참여할 수 있도록 이끌어내야 합니다. 이때 중요한 것은 학습자들이 자신의 의견이 존중받고 있다고 느낄 수 있도록 하는 것입니다. 퍼실리테이터는 다양한 질문 기법을 활용하여 학습자들의 생각을 이끌어내고, 모든 참가자가 고르게 참여할 수 있도록 세심하게 관리합니다.

세 번째 단계는 **상호작용 촉진 단계**입니다. 이 단계에서는 학습자들 간의 활발한 토론과 협력이 이루어질 수 있도록 돕습니다. 퍼실리테이터는 토론이 한쪽으로 치우치지 않도록 균형을 맞추고 갈등이 발생했을 때는 건설적인 방향으로 해결될 수 있도록 조정합니다. 또한 토론이 표면적인 수준에 머물지 않고 깊이 있는 논의로 발전할 수 있도록 적절한 질문과 개입을 제공합니다.

네 번째 단계는 **정리와 마무리 단계**입니다. 활발한 토론과 상호작용이 끝나면 그 결과를 정리하고 의미를 부여하는 과정이 필요합니다. 퍼실리테이터는 학습자들과 함께 토론의 핵심 내용을 정리하고 얻은 통찰을 공유하며 향후 실행 방안을 모색합니다. 이 단계에서 중요한 것은 퍼실리테이터가 결론을 일방적으로 제시하는 것이 아니라 학습자들 스스로 의미를 찾아갈 수 있도록 돕는 것입니다.

안전보건교육에서의 퍼실리테이션 활용

안전보건교육 분야에서 퍼실리테이션 기법은 특별한 의미와 효과를 가집니다. 안전보건교육의 목표는 단순히 안전 규칙을 전달하는 것이 아니라, 학습자들이 스스로 위험을 인식하고 적절히 대응할 수 있는 능력을 기르는 것입니다. 이러한 목표를 달성하기 위해서는 학습자들의 능동적 참여와 깊이 있는 사고가 필수적이며 바로 이 지점에서 퍼실리테이션이 큰 역할을 할 수 있습니다.

예를 들어, 안전사고 사례를 다룰 때 교육자가 일방적으로 사고 원인과 예방 방법을 설명하는 것보다는, 퍼실리테이션 기법을 활용하여 학습자들이 스스로 사고 원인을 분석하고 예방 방법을 모색하도록 하는 것이 훨씬 효과적입니다. 퍼실리테이터는 적절한 질문을 통해 학습자들의 사고를 자극하고 다양한 관점에서 사례를 분석할 수 있도록 돕습니다.

또한 위험성 평가 교육에서도 퍼실리테이션이 유용합니다. 작업 현장의 위험 요소를 찾아내는 과정에서 한 사람의 시각으로는 놓칠 수 있는 부분들을 여러 사람의 집단 지성을 통해 발견할 수 있습니다. 퍼실리테이터는 모든 참가자가 자신의 경험과 관점을 자유롭게 표현할 수 있도록 분위기를 조성하고, 서로 다른 의견들이 건설적으로 통합될 수 있도록 과정을 이끌어갑니다.

안전문화 개선을 위한 워크숍에서도 퍼실리테이션 기법이 매우 중요한 역할을 합니다. 조직의 안전문화는 구성원들의 자발적 참여와 공감 없이는 개선되기 어렵습니다. 퍼실리테이션을 통해 구성원들이 스스로 문제점을 인식하고 개선 방안을 모색하며 실행 의지를 다질 수 있도록 하는 것이 성공적인 안전문화 개선의 핵심입니다.

퍼실리테이션의 효과와 장점

퍼실리테이션을 효과적으로 활용했을 때 나타나는 효과는 매우 다양하고 강력합니다.

첫 번째 효과는 학습자 참여도의 극적 향상입니다. 수동적으로 듣기만 하던 학습자들이 능동적으로 토론에 참여하고, 자신의 경험과 의견을 적극적으로 공유하게 됩니다. 이는 앞서 언급한 275명 중 96%의 참여율 달성 사례에서도 확인할 수 있듯이 실제로 놀라운 성과를 가져올 수 있습니다.

두 번째 효과는 깊이 있는 학습과 통찰의 발생입니다. 퍼실리테이션을 통한 학습에서는 표면적인 정보 전달을 넘어 학습자들이 스스로 원리를 탐구하고 의미를 발견하게 됩니다. 다양한 관점의 충돌과 융합을 통해 혼자서는 도달할 수 없었던 새로운 통찰에 이르게 되는 경우가 많습니다.

세 번째 효과는 문제 해결 능력과 창의성의 개발입니다. 퍼실리테이션 과정에서 학습자들은 정해진 답을 찾는 것이 아니라 스스로 문제를 정의하고 해결 방안을 모색하는 연습을 하게 됩니다. 이러한 경험은 실제 현장에서 예상치 못한 상황에 직면했을 때 유연하고 창의적으로 대응할 수 있는 능력으로 이어집니다.

네 번째 효과는 소통 능력과 협력 문화의 향상입니다. 퍼실리테이션에 참여한 학습자들은 자신의 생각을 명확하게 표현하는 능력, 다른 사람의 의견을 경청하는 능력, 서로 다른 관점을 조율하여 합의점을 찾는 능력을 자연스럽게 기르게 됩니다. 이는 개인의 역량 향상뿐만 아니라 조직 전체의 소통 문화 개선에도 기여합니다.

다섯 번째 효과는 학습 동기와 만족도의 증가입니다. 자신의 의견이 존중받고, 능동적으로 참여할 수 있으며, 실질적인 성과를 경험하는 퍼실리테이션 과정에서 학습자들은 높은 만족감과 성취감을 느끼게 됩니다. 이는 지속적인 학습 동기로 이어져 평생학습의 기반이 됩니다.

성공적인 퍼실리테이션을 위한 핵심 역량

퍼실리테이터가 갖춰야 할 핵심 역량들을 이해하는 것은 효과적인 퍼실리테이션을 위해 매우 중요합니다.

첫 번째 역량은 질문 설계 능력입니다. 좋은 질문은 학습자들의 사고를 자극하고 깊이 있는 토론을 이끌어낼 수 있는 핵심 도구입니다. 퍼실리테이터는 상황에 맞는 적절한 질문을 설계하고 적절한 타이밍에 제시할 수 있는 능력을 갖춰야 합니다.

두 번째 역량은 경청과 관찰 능력입니다. 퍼실리테이터는 학습자들의 말과 행동을 세심하게 관찰하여 그들의 진정한 관심사와 어려움을 파악해야 합니다. 표면적으로 드러나는 말뿐만 아니라 비언어적 신호까지 읽어낼 수 있는 민감성이 필요합니다.

세 번째 역량은 균형 조절 능력입니다. 토론이 한쪽으로 치우치지 않도록 하고, 소극적인 참가자는 참여를 유도하며, 지나치게 적극적인 참가자는 적절히 조절하는 섬세한 균형 감각이 필요합니다. 이는 오랜 경험과 지속적인 연습을 통해 기를 수 있는 고차원적 기술입니다.

네 번째 역량은 갈등 조정 능력입니다. 활발한 토론에서는 때로 의견 충돌이 발생할 수 있습니다. 퍼실리테이터는 이러한 갈등을 회피하거나 억압하지 않고 건설적인 방향으로 해결될 수 있도록 조정하는 능력이 필요합니다.

퍼실리테이션과 전통적 강의의 차이점

퍼실리테이션과 전통적 강의 방식의 차이를 명확히 이해하는 것은 퍼실리테이션의 본질을 파악하는 데 도움이 됩니다. 전통적 강의에서 교육자는 "답을 아는 사람"으로서 학습자들에게 지식을 전달합니다. 반면 퍼실리테이션에서 퍼실리테이터는 "과정을 아는 사람"으로서 학습자들이 스스로 답을 찾아갈 수 있도록 돕습니다.

전통적 강의에서는 일방향적 소통이 주를 이루지만, 퍼실리테이션에서는 다방향적 소통이 활발하게 일어납니다. 학습자와 퍼실리테이터 간의 소통뿐만 아니라 학습자들 간의 수평적 소통이 매우 중요한 역할을 합니다.

또한 전통적 강의에서는 미리 정해진 내용을 순서대로 전달하는 것이 중요하지만, 퍼실리테이션에서는 학습자들의 관심과 필요에 따라 유연하게 방향을 조정할 수 있습니다. 이러한 유연성이야말로 퍼실리테이션의 큰 장점 중 하나입니다.

퍼실리테이션 기법에 대한 이해를 통해 마지막으로 이러한 참여형 교수법의 지혜가 어떻게 역사적으로 형성되어 왔는지 선인들의 깊은 통찰을 살펴보겠습니다.

제1장 참여형 교수법을 이해하다

1.6 선인들의 깊은 통찰

시대를 관통하는 교육의 지혜

참여형 교수법이 현대에 갑자기 등장한 새로운 개념이라고 생각한다면 큰 오해입니다. 사실 진정한 교육의 본질에 대한 통찰은 수천 년 전부터 인류의 위대한 사상가들과 교육자들에 의해 끊임없이 탐구되어 왔습니다. 이들의 깊은 지혜를 살펴보면 현대의 참여형 교수법이 결코 새로운 것이 아니라, 오랜 시간에 걸쳐 검증되고 다듬어진 교육의 근본 원리임을 알 수 있습니다.

이러한 역사적 통찰들을 이해하는 것은 단순히 과거의 지식을 되새기는 차원을 넘어섭니다. 시대와 문화를 초월하여 공통적으로 발견되는 교육의 원리들은 그만큼 보편적이고 근본적인 진리임을 의미합니다. 이러한 선인들의 지혜를 통해 우리는 참여형 교수법의 깊은 뿌리와 확고한 토대를 확인할 수 있으며, 이를 현대의 안전보건교육에 어떻게 적용할 수 있는지에 대한 통찰을 얻을 수 있습니다.

소크라테스의 산파법 : 답을 주지 않고 질문으로 이끄는 지혜

기원전 5세기 고대 그리스의 철학자 소크라테스는 교육에 대한 혁신적인 접근법을 제시했습니다. 그의 유명한 "산파법(Maieutics)"은 현대 참여형 교수법의 핵심 원리를 2,500년 전에 이미 구현한 놀라운 사례입니다. 소크라테스는 자신을 산파에 비유하며, 교사의 역할은 학습자의 마음속에 이미 있는 지식을 끄집어내도록 돕는 것이라고 했습니다.

산파법의 핵심은 교사가 직접적으로 답을 제시하지 않는다는 점입니다. 대신 계속적인 질문을 통해 학습자 스스로 답을 발견하도록 이끕니다. "그것이 정말 옳다고 생각하는가?", "다른 가능성은 없을까?", "그 근거는 무엇인가?"와 같은 질문들을 통해 학습자의 사고를 자극하고 깊이 있는 성찰을 유도합니다.

이러한 소크라테스의 방법은 현대 퍼실리테이션 기법의 핵심인 '질문 중심 학습'과 완전히 일치합니다. 안전보건교육에서도 이 원리를 적용할 수 있습니다. 예를 들어, "왜 안전모를 착용해야 할까요?"라는 직접적인 설명 대신 "머리를 다쳤을 때 어떤 일이 일어날까요?", "안전모가 없다면 어떤 위험이 있을까요?"와 같은 질문을 통해 학습자들이 스스로 안전모 착용의 필요성을 깨닫게 할 수 있습니다.

공자의 교육 철학 : 즐거움 속에 이루어질 때 가장 큰 효과

공자(孔子, 기원전 551-479)는 "학이시습지 불역열호(學而時習之 不亦說乎)"라는 말을 통해 학습의 즐거움을 강조했습니다. 그는 진정한 학습이 억지로 이루어지는 것이 아니라, 즐거움 속에서 이루어질 때 가장 큰 효과를 낸다고 보았습니다. 그러나 오늘날 많은 안전보건 법정교육은 형식적 의무 이행에 치중되다 보니 학습자에게 '즐거움'보다는 '부담'으로 인식되는 경우가 많습니다. 이런 상황에서는 교육이 본래 추구해야 할 학습 동기와 참여 의욕을 끌어내기 어렵습니다.

안전보건교육이 진정으로 효과적이 되려면, 학습자들이 스스로 참여하며 의미를 느낄 수 있는 경험으로 설계되어야 합니다. 이를 위해서는 강의식 전달 위주의 수업을 넘어, 현장에서 실제로 맞닥뜨리는 위험 상황을 시뮬레이션하거나, 동료와 함께 토론·문제 해결 과정을 거치는 참여형 교수법이 필요합니다. 또한 근로자들이 자신의 작업 환경과 연결된 사례를 탐구하고 공유할 때, 법정교육도 '지루한 의무'가 아니라 '현장을 지키는 살아 있는 지혜'로 자리 잡을 수 있습니다.

즉, 공자가 말한 학습의 즐거움은 안전보건교육에서도 실현 가능하며, 이를 위해서는 교

제1장 참여형 교수법을 이해하다

육자가 **참여 중심·현장 중심·경험 중심**의 교수법을 적극적으로 도입해야 합니다. 그렇게 할 때 법정교육조차도 근로자들에게 의미 있고 즐거운 학습의 장으로 변모할 수 있습니다.

존 듀이의 경험주의 교육 : 행함으로써 배우는 학습

20세기 초 미국의 교육철학자 존 듀이(John Dewey, 1859-1952)는 "학습은 행함으로써 이루어진다(Learning by doing)"라는 경험주의 교육 철학을 제시했습니다. 듀이는 전통적인 교육이 학습자를 수동적인 지식 수용자로 만든다고 비판하며 학습자가 직접 경험하고 실천하는 과정에서 진정한 학습이 일어난다고 주장했습니다.

듀이의 경험주의 교육 철학은 현대 참여형 교수법의 이론적 토대 중 하나가 되었습니다. 그는 교육이 미래를 위한 준비가 아니라 현재의 삶 그 자체여야 하며 학교와 사회, 이론과 실제가 분리되어서는 안 된다고 강조했습니다. 이러한 관점은 학습자의 실제 경험과 현실을 교육의 중심에 두는 참여형 교수법의 핵심 원리와 완전히 일치합니다.

안전보건교육에서 듀이의 철학을 적용하면 매우 강력한 효과를 얻을 수 있습니다. 단순히 안전 규칙을 설명하는 것이 아니라 학습자들이 직접 안전 점검을 해보고 위험 상황을 체험해보며, 안전 장비를 직접 사용해보는 경험 중심의 교육을 설계할 수 있습니다. 이러한 직접적 경험을 통해 학습자들은 안전의 중요성을 몸으로 느끼고 깊이 있게 이해하게 됩니다.

조제프 주베르의 통찰 : 가르침을 통한 더 깊은 배움

프랑스의 도덕철학자 조제프 주베르(Joseph Joubert, 1754-1824)는 "가르치는 것은 두 번 배우는 것이다(To teach is to learn twice)"라는 명언을 남겼습니다. 이 간단한 문장 속에는 교육의 상호성과 가르침의 학습 효과에 대한 깊은 통찰이 담겨 있습니다.

누군가를 가르치기 위해서는 자신이 알고 있는 내용을 더욱 체계적으로 정리해야 하고 다른 사람이 이해할 수 있도록 명확하게 설명해야 합니다. 이 과정에서 가르치는 사람 자신도 해당 내용에 대해 더 깊이 있게 이해하게 됩니다. 또한 학습자의 질문과 반응을 통해 새로운 관점을 얻기도 합니다.

주베르의 이러한 통찰은 현대 학습 과학의 연구 결과와 정확히 일치합니다. 앞서 살펴본 학습 피라미드에서 '다른 사람 가르치기'가 90%의 가장 높은 기억률을 보이는 것도 바로 이러한 원리 때문입니다. 가르치는 행위 자체가 가장 효과적인 학습 방법이라는 것을 주베르는 200년 전에 이미 간파했던 것입니다.

안전보건교육에서 이 원리를 적용하면 매우 효과적인 학습 시스템을 만들 수 있습니다. 안전교육을 받은 근로자들이 다른 동료들에게 배운 내용을 설명하고 가르치는 기회를 제공하면 가르치는 사람과 배우는 사람 모두에게 큰 학습 효과를 가져다줄 수 있습니다.

페스탈로치의 직관 교육 : 감각적 경험을 통한 학습

스위스의 교육개혁가 하인리히 페스탈로치(Heinrich Pestalozzi, 1746-1827)는 "머리, 가슴, 손의 조화로운 발달"을 강조하며 직관 교육의 중요성을 제시했습니다. 그는 추상적인 개념을 먼저 가르치는 것보다는 구체적이고 감각적인 경험을 통해 학습이 이루어져야 한다고 주장했습니다.

페스탈로치의 직관 교육 이론은 현대 체험 학습과 실습 중심 교육의 이론적 기반이 되었습니다. 그는 학습자가 직접 보고, 만지고, 경험할 수 있는 구체적인 사물과 상황을 통해 학습할 때 가장 효과적인 교육이 이루어진다고 보았습니다.

안전보건교육에서 페스탈로치의 직관 교육 원리는 매우 직접적으로 적용될 수 있습니다. 안전 장비의 올바른 사용법을 설명할 때 단순히 말로만 설명하는 것이 아니라 실제 장비를 보여주고, 만져보게 하며 직접 착용해보도록 하는 것입니다. 위험 상황에 대해서도 시각적 자료나 시뮬레이션을 통해 구체적이고 감각적으로 경험할 수 있도록 하는 것이 효과적입니다.

몬테소리의 아동 중심 교육 : 스스로 배우는 힘에 대한 믿음

이탈리아의 의사이자 교육자인 마리아 몬테소리(Maria Montessori, 1870-1952)는 "아이는 스스로 배울 수 있는 능력을 가지고 있다"라는 믿음을 바탕으로 아동 중심 교육을 발전시켰습니다. 몬테소리는 교사의 역할이 지식을 전달하는 것이 아니라 아이들이 스스로 탐구하고 발견할 수 있는 환경을 조성하는 것이라고 보았습니다.

몬테소리의 교육 철학에서 교사는 "환경의 설계자"이자 "관찰자"의 역할을 합니다. 아이들이 자발적으로 학습할 수 있도록 적절한 환경과 자료를 준비하고 아이들의 학습 과정을 세심하게 관찰하며 필요할 때만 최소한의 도움을 제공합니다. 이는 현대 퍼실리테이션에서 강조하는 퍼실리테이터의 역할과 매우 유사합니다.

안전보건교육에서 몬테소리의 접근법을 적용하면, 학습자들이 스스로 안전의 중요성을 깨닫고 안전 행동을 내재화할 수 있는 환경을 조성하는 것이 중요합니다. 강제적인 규칙 준수보다는 학습자들이 자발적으로 안전의 가치를 인식하고 실천할 수 있도록 돕는 것이 더 효과적입니다.

비고츠키의 사회문화적 이론 : 협력과 문화적 도구의 힘

러시아의 심리학자 레프 비고츠키(Lev Vygotsky, 1896-1934)는 인간의 학습과 인지 발달이 사회적 상호작용과 문화적 맥락 속에서 이루어진다고 보았습니다. 그는 특히 "근접발달영역(ZPD, Zone of Proximal Development)" 개념을 통해, 학습자가 혼자서는 해결할 수 없지만 더 유능한 동료나 교사의 도움을 받으면 해결할 수 있는 과제가 존재한다고 설명했습니다.

비고츠키는 진정한 학습이 바로 이 근접발달영역에서 발생한다고 강조했습니다. 즉, 학습자가 자신의 현재 능력 수준보다 약간 높은 도전적인 과제를 협력적 상호작용을 통해 해결해 나가는 과정에서 인지적 성장이 촉진된다는 것입니다. 또한 언어와 문화적 도구(예 : 기호, 상징, 작업 절차서 등)는 학습자의 사고를 매개하고 발달을 이끄는 핵심 요소로 보았습니다.

안전보건교육에 비고츠키의 이론을 적용하면, 협력적 학습 환경이 중요하다는 점을 알 수 있습니다. 예를 들어, 신입 근로자는 경험자의 안내와 지원을 통해 복잡한 안전 절차를 더 쉽게 습득할 수 있으며, 경험자 역시 동료를 가르치는 과정에서 자신의 지식을 구조화하고 내재화할 수 있습니다. 이러한 상호작용은 단순한 지식 전달을 넘어 조직 차원의 안전문화를 강화하는 힘이 됩니다.

안전보건교육에서의 선인들 지혜 통합 적용

이러한 선인들의 교육에 대한 깊은 통찰을 안전보건교육에 통합적으로 적용하면 매우 강력한 교육 시스템을 만들 수 있습니다. 각각의 지혜가 서로 다른 각도에서 참여형 교수법의 효과를 뒷받침하고 있으며 이들을 종합하면 현대 안전보건교육이 나아가야 할 방향을 명확히 볼 수 있습니다.

- 소크라테스의 질문법을 통해 학습자들이 스스로 안전의 중요성을 깨닫도록 할 수 있습니다.
- 공자의 학습을 통한 즐거움은 법정 의무교육을 부담이 아니라 즐거움을 주는 데 있습니다.
- 듀이의 경험주의를 통해 실제 체험 중심의 안전교육을 설계할 수 있습니다.
- 주베르의 상호 교육을 통해 근로자들 간의 안전 지식 공유 시스템을 구축할 수 있습니다.
- 페스탈로치의 직관 교육을 통해 감각적이고 구체적인 안전교육 자료를 개발할 수 있습니다.
- 몬테소리의 환경 중심 접근을 통해 학습자들이 자발적으로 안전을 실천할 수 있는 작업 환경을 조성할 수 있습니다.
- 비고츠키의 협력 학습을 통해 동료들과 함께 안전 문제를 해결해 나가는 학습 문화를 만들 수 있습니다.

시대를 초월한 교육 원리의 현대적 실현

이처럼 시대와 문화를 초월하여 많은 교육 사상가들이 공통적으로 강조해 온 원리들을 살펴보면 참여형 교수법이 결코 일시적인 교육 유행이 아님을 알 수 있습니다. 오히려 인간의 학습 본성에 가장 부합하는 자연스럽고 효과적인 교육 방법이라는 것을 확인할 수 있습니다.

현대의 과학 기술과 교육 연구 성과들은 이러한 선인들의 통찰이 얼마나 정확했는지를 객관적으로 입증하고 있습니다. 학습 피라미드 연구, 뇌과학 연구, 교육 효과성 연구 등의 결과들이 모두 이들 사상가의 지혜와 일치하는 것을 보면 진정한 교육의 원리는 시대를 초월한 보편적 진리임을 알 수 있습니다.

안전보건교육에서 이러한 역사적 지혜와 현대적 연구 성과를 결합하면 단순히 규칙을 전달하는 교육을 넘어 학습자들의 마음과 몸에 안전의식이 깊이 뿌리내릴 수 있는 진정한 교육을 실현할 수 있습니다. 이것이야말로 사고 없는 안전한 작업장을 만들기 위한 가장 확실하고 효과적인 방법일 것입니다.

선인들의 깊은 통찰을 바탕으로, 이제 이러한 교육 철학과 원리들을 현대의 교육공학적 접근법과 어떻게 결합할 수 있는지 살펴보겠습니다.

제2장

교육공학과 참여형 교수법의 접점

2.1 교육공학이란 무엇인가?

교육공학의 본질과 정의

교육공학(Educational Technology)은 학습의 효과성과 효율성을 극대화하기 위해 과학적 원리와 체계적 접근법을 활용하여 교육 과정을 설계, 개발, 실행, 관리, 평가하는 종합적인 학문 분야입니다. 많은 사람이 교육공학을 단순히 컴퓨터나 디지털 기기를 교육에 활용하는 것으로 오해하지만, 실제로는 훨씬 포괄적이고 체계적인 접근법을 의미합니다.

교육공학자의 관점에서 볼 때, 교육공학의 핵심은 '어떻게 하면 더 효과적으로 학습이 일어나도록 할 수 있을까?'라는 근본적인 질문에 대한 과학적이고 체계적인 답을 찾는 것입니다. 이는 단순히 기술을 도입하는 것이 아니라, 학습자의 특성, 학습내용의 성격, 학습환경, 교수 전략 등 모든 요소를 종합적으로 고려하여 최적의 학습 경험을 설계하는 것을 의미합니다.

교육공학의 정의에서 가장 중요한 것은 '체계적(Systematic)'이라는 개념입니다. 교육공학자들은 직감이나 경험에만 의존하지 않고 과학적 연구 결과와 이론에 기반하여 교육을 설계합니다. 또한 각 단계마다 명확한 목적과 기준을 설정하고 지속적으로 평가하고 개선하는 순환적 과정을 통해 교육의 질을 향상시켜 나갑니다.

교육공학의 4대 핵심 영역

교육공학자들이 추구하는 목표는 크게 네 가지 핵심 영역으로 나누어 볼 수 있습니다. 이 네 영역은 서로 독립적이지 않고 유기적으로 연결되어 있으며 모두 함께 작동할 때 진정한 교육 혁신이 가능합니다.

첫 번째 영역은 효과적인 학습 환경 조성입니다. 교육공학자들은 학습이 일어나는 환경이 학습 효과에 미치는 영향을 깊이 있게 연구합니다. 여기서 말하는 환경은 단순히 물리적 공간만을 의미하지 않습니다. 물리적 환경, 심리적 환경, 사회적 환경, 기술적 환경 등을 모두 포함하는 총체적 개념입니다.

물리적 환경에서는 좌석 배치, 조명, 온도, 소음, 공간의 크기와 구조 등이 학습에 미치는 영향을 고려합니다. 심리적 환경에서는 학습자들이 안전하고 편안하게 느낄 수 있는 분위기, 실수를 두려워하지 않는 문화, 상호 존중하는 분위기 등을 조성하는 것이 중요합니다. 사회적 환경에서는 학습자들 간의 상호작용, 협력, 경쟁 등의 요소들을 적절히 설계합니다.

기술적 환경에서는 다양한 교육 기술과 매체를 효과적으로 통합하여 학습을 지원하는 환경을 만듭니다. 이때 중요한 것은 기술 자체가 목적이 아니라 학습 목표 달성을 위한 수단이라는 점입니다. 교육공학자들은 항상 '이 기술이 정말로 학습에 도움이 되는가?'라는 질문을 던지며 기술 도입의 타당성을 검토합니다.

두 번째 영역은 개인화된 학습 경험 제공입니다. 모든 학습자는 서로 다른 배경지식, 학습 스타일, 선호도, 능력을 가지고 있습니다. 교육공학자들은 이러한 개인차를 인정하고 존중하며, 각 학습자에게 최적화된 학습 경험을 제공하기 위해 노력합니다.

개인화된 학습은 단순히 학습 속도를 개별적으로 조절하는 것을 넘어섭니다. 학습내용의 순서, 제시 방법, 연습 문제의 유형과 난이도, 피드백의 형태 등을 학습자의 특성에 맞게 조정하는 것을 의미합니다. 현대의 인공지능과 빅데이터 기술은 이러한 개인화를 더욱 정교하게 구현할 수 있는 가능성을 제공하고 있습니다.

안전보건교육에서도 이 원리는 매우 중요합니다. 신입 근로자와 경험이 많은 근로자, 관리자와 일반 작업자, 사무직과 현장직 등 서로 다른 특성을 가진 학습자들에게 동일한 교육을 제공하는 것은 효과적이지 않습니다. 각 그룹의 특성과 요구에 맞는 맞춤형 안전교육을 설계하는 것이 교육공학적 접근입니다.

세 번째 영역은 평가와 피드백 개선입니다. 교육공학자들은 평가를 단순히 학습 결과를 측정하는 도구로만 보지 않습니다. 평가는 학습을 촉진하고 개선하는 핵심적인 교육 활동으로 봅니다. 이를 위해 형성평가와 총괄평가를 적절히 조합하고 다양한 평가 방법과 도구를 활용합니다.

특히 피드백의 중요성을 강조합니다. 효과적인 피드백은 학습자가 자신의 현재 수준을 정확히 파악하고 목표와의 차이를 인식하며 개선 방향을 찾을 수 있도록 돕습니다. 교육공학자들은 피드백이 즉시성, 구체성, 건설성, 개인화 등의 특성을 갖도록 설계합니다.

현대의 디지털 기술은 실시간 평가와 즉각적인 피드백을 가능하게 합니다. 학습 관리 시스템(LMS), 온라인 퀴즈 도구, 시뮬레이션 프로그램 등을 통해 학습자는 자신의 학습 진도와 이해 수준을 실시간으로 확인할 수 있고, 필요한 경우 즉시 보충 학습을 받을 수 있습니다.

네 번째 영역은 기술 통합을 통한 교육 혁신입니다. 교육공학자들은 새로운 기술이 교육에 가져올 수 있는 혁신적 가능성을 탐구합니다. 가상현실(VR), 증강현실(AR), 인공지능(AI), 빅데이터, 사물인터넷(IoT) 등의 첨단 기술을 교육에 의미 있게 통합하는 방법을 연구하고 개발합니다.

하지만 교육공학자들은 기술을 맹목적으로 추종하지 않습니다. 항상 교육적 효과와 비용 대비 효율성을 냉정하게 평가하며, 진정으로 학습을 개선할 수 있는 기술만을 선별적으로 도입합니다. 또한 기술 도입으로 인한 부작용이나 부정적 영향도 면밀히 검토하여 균형 잡힌 접근을 추구합니다.

교육공학의 학문적 토대와 이론적 기반

교육공학은 다양한 학문 분야의 이론과 연구 성과를 종합하는 융합 학문입니다. 교육학, 심리학, 인지과학, 커뮤니케이션학, 컴퓨터공학, 디자인학 등의 이론들이 교육공학의 토대를 이룹니다.

인지과학에서는 인간이 어떻게 정보를 처리하고 기억하며 학습하는지에 대한 이해를 제공합니다. 인지부하 이론, 이중부호화 이론, 구성주의 학습 이론 등이 교육 설계에 중요한 지침을 제공합니다. 예를 들어, 인지부하 이론에 따르면 학습자의 작업 기억 용량에는 한계가 있으므로 한 번에 너무 많은 정보를 제시하면 학습 효과가 떨어집니다. 따라서 정보를 적절히 분할하고 단계별로 제시하는 것이 중요합니다.

커뮤니케이션학에서는 효과적인 메시지 전달과 상호작용에 대한 이론을 제공합니다. 송신자, 메시지, 매체, 수신자, 피드백 등의 요소들이 어떻게 상호작용하는지 이해하는 것은 교육 설계에 매우 중요합니다.

시스템 이론은 교육을 하나의 복합적인 시스템으로 보고, 투입 – 과정 – 산출 – 피드백의 순환 과정으로 분석하는 틀을 제공합니다. 이러한 시스템적 사고는 교육공학의 핵심적인 접근 방법 중 하나입니다.

교육공학과 참여형 교수법의 자연스러운 만남

교육공학의 원리와 참여형 교수법은 많은 공통점을 가지고 있습니다. 두 접근법 모두 학습자를 교육의 중심에 두고, 효과적인 학습을 위해 과학적이고 체계적인 방법을 추구합니다.

교육공학의 개인화된 학습 원리는 참여형 교수법에서 강조하는 학습자 개인의 경험과 특성 존중과 일치합니다. 교육공학의 상호작용적 학습 환경 조성은 참여형 교수법의 핵심인 학습자 간 상호작용과 협력을 기술적으로 뒷받침합니다.

교육공학의 지속적 평가와 피드백은 참여형 교수법에서 중시하는 성찰적 학습과 동료 피드백을 더욱 체계적이고 효과적으로 구현할 수 있게 합니다. 교육공학의 기술 통합은 참여형 교수법의 다양한 활동들을 더욱 풍부하고 흥미롭게 만들 수 있는 도구를 제공합니다.

특히 안전보건교육에서는 이러한 결합이 매우 강력한 시너지를 발휘할 수 있습니다. 가상현실을 활용한 위험 상황 체험, 증강현실을 이용한 안전 절차 안내, 시뮬레이션을 통한 안전 훈련 등은 참여형 교수법의 체험 학습 원리를 첨단 기술로 구현한 사례입니다.

제2장 교육공학과 참여형 교수법의 접점

교육공학자가 바라보는 미래 교육의 방향

교육공학자들이 그리는 미래 교육의 모습은 참여형 교수법이 추구하는 가치와 매우 일치합니다. 개별 학습자의 특성과 요구에 맞춘 완전 개인화 교육, 학습자가 능동적으로 참여하는 상호작용적 학습, 실제 문제 해결 중심의 authentic 학습, 협력과 소통을 통한 사회적 학습 등이 미래 교육의 핵심 특징으로 제시되고 있습니다.

이러한 미래 교육을 실현하기 위해서는 기술적 혁신과 함께 교육철학과 방법론의 혁신이 동시에 이루어져야 합니다. 아무리 첨단 기술이 있어도 여전히 일방적 강의 방식을 고수한다면 진정한 교육 혁신은 불가능합니다. 반대로 참여형 교수법의 철학과 방법론을 갖추고 있다면, 적절한 기술의 도움을 받아 더욱 효과적이고 흥미로운 학습 경험을 제공할 수 있습니다.

교육공학자의 관점에서 볼 때, 참여형 교수법은 단순한 교육 기법이 아니라 미래 교육의 핵심 패러다임입니다. 이를 과학적이고 체계적으로 설계하고 구현하는 것이 바로 교육공학의 역할이며 이 두 접근법의 결합을 통해 안전보건교육의 근본적 혁신이 가능할 것입니다.

교육공학의 기본 이해를 바탕으로 이제 교육공학의 세 가지 주요 접근 방향인 기계공학적, 인간공학적, 행동과학적 접근법을 구체적으로 살펴보겠습니다.

2.2 기계공학적 교육공학

핵심 개념

기계공학적 교육공학은 교육 과정을 공장의 생산 시스템처럼 표준화하고 체계화하여 일관된 품질의 교육을 효율적으로 제공하는 접근 방식입니다. 효율성과 일관성을 최우선 가치로 하며, 기술적 도구와 시스템을 중심으로 교육을 설계합니다.

3가지 핵심 요소

1. 하드웨어 중심 접근 : 컴퓨터, 프로젝터, VR 장비, 시뮬레이션 시스템 등 물리적 기술 도구를 활용하여 교육 효과를 높입니다. 안전보건교육에서는 VR을 통한 위험 상황 체험, 시뮬레이터를 활용한 안전 훈련 등이 대표적 사례입니다.

2. 학습관리시스템(LMS) : 교육 과정 전체를 디지털화하여 수강 신청부터 평가, 수료증 발급까지 자동화 관리합니다. 대규모 조직의 안전교육 이수 현황 추적과 재교육 알림 등을 효율적으로 처리할 수 있습니다.

3. 표준화된 콘텐츠 : 동일한 주제는 언제 어디서나 일관된 내용과 방법으로 교육되도록 합니다. 안전 규칙처럼 정확성이 중요한 내용을 모든 근로자가 동일하게 학습할 수 있게 합니다.

제2장 교육공학과 참여형 교수법의 접점

장점과 한계

1) 주요 장점

- 대규모 교육의 효율적 관리
- 교육자에 관계없는 일관된 교육 품질
- 객관적 평가와 자동화된 기록 관리

2) 한계점

- 개별 학습자 특성 반영 어려움
- 기술 의존으로 인한 인간적 소통 부족
- 안전문화나 태도 변화 같은 정서적 측면 교육 한계

기계공학적 접근법은 효율성과 표준화가 필요한 안전보건교육의 기초를 제공하지만, 참여형 교수법과 결합할 때 더욱 완성도 높은 교육이 가능합니다.

다음으로 학습자의 인간적 특성에 주목하는 인간공학적 교육공학을 살펴보겠습니다.

2.3 인간공학적 교육공학

핵심 개념

인간공학적 교육공학(Human Factors Educational Technology)은 학습자의 인간적 특성과 요구를 중심에 두고 교육을 설계하는 접근 방식입니다. 기계공학적 접근법이 시스템의 효율성을 강조한다면, 인간공학적 접근법은 학습자 개개인의 인지적, 정서적, 사회적 특성을 깊이 이해하고 이를 바탕으로 최적의 학습 경험을 제공하는 것을 목표로 합니다.

3가지 핵심 요소

1. 학습자 특성 분석 : 개별 학습자의 인지 능력, 학습 스타일, 사전 지식, 동기, 선호도 등을 체계적으로 분석합니다. 안전보건교육에서는 근로자의 경력, 작업 환경, 교육 배경, 안전에 대한 기존 인식 등을 파악하여 맞춤형 교육을 설계합니다.

2. 인간 중심 인터페이스 설계 : 기술이 인간에게 맞춰지도록 사용자 친화적인 교육 환경을 조성합니다. 직관적인 메뉴 구성, 읽기 쉬운 폰트와 색상, 간단한 조작법 등을 통해 학습자가 기술적 어려움 없이 학습에 집중할 수 있도록 합니다.

3. 개인화된 학습 경로 : 각 학습자의 특성에 맞는 개별화된 학습 경로를 제공합니다. 같

은 안전 주제라도 신입 근로자에게는 기본 개념 중심으로, 경험자에게는 심화 내용이나 사례 분석 중심으로 다르게 접근합니다.

장점과 한계

1) 주요 장점

- 학습자 만족도와 참여도 향상
- 개인별 최적화된 학습 효과
- 인간적 요소를 고려한 지속 가능한 교육

2) 한계점

- 개별 분석과 설계에 많은 시간과 비용 소요
- 대규모 교육 적용의 어려움
- 표준화된 평가 기준 설정의 복잡성

인간공학적 접근법은 학습자 중심의 맞춤형 교육을 가능하게 하여 참여형 교수법의 개인화 원리와 잘 부합하지만, 기계공학적 접근법의 효율성과 균형을 맞추는 것이 중요합니다.

마지막으로 학습 행동의 변화에 집중하는 행동과학적 교육공학을 살펴보겠습니다.

2.4 행동과학적 교육공학

핵심 개념

행동과학적 교육공학(Behavioral Science Educational Technology)은 학습자의 관찰 가능한 행동 변화에 초점을 맞춘 접근 방식입니다. 행동과학의 원리인 강화, 피드백, 동기 부여 등을 체계적으로 적용하여 바람직한 학습 행동을 유도하고 지속시키는 것을 목표로 합니다. 특히 안전보건교육에서는 단순한 지식 전달을 넘어 실제 안전 행동의 변화와 정착을 중시합니다.

3가지 핵심 요소

1. 행동 분석과 목표 설정 : 학습자의 현재 행동을 정확히 관찰하고 분석하여 구체적이고 측정 가능한 행동 목표를 설정합니다. 안전보건교육에서는 "안전모 착용률 100% 달성", "1년 내 유사부적합 0건 달성" 등 명확한 행동 지표를 설정하고 이를 달성하기 위한 전략을 수립합니다.

2. 강화와 피드백 시스템 : 바람직한 행동에 대해서는 즉시 긍정적 강화를, 부적절한 행동에 대해서는 교정적 피드백을 제공합니다. 게임화(Gamification) 요소를 도입하여 포인트(Point), 배지(Badge), 리더보드(Leaderboard) 등을 통해 학습 동기를 지속적으로

자극하고 강화합니다.

3. 학습 동기 관리 : 내재적 동기와 외재적 동기를 적절히 조합하여 지속적인 학습 참여를 유도합니다. 개인의 성취감, 사회적 인정, 실용적 가치 등 다양한 동기 요인을 파악하고 활용하여 자발적이고 지속적인 학습 행동을 이끌어냅니다.

장점과 한계

1) 주요 장점

- 구체적이고 측정 가능한 학습 성과 달성
- 즉시적 피드백을 통한 빠른 행동 교정
- 게임화 요소를 통한 높은 참여도와 동기 부여

2) 한계점

- 단기적 행동 변화에 치중, 장기적 태도 변화 한계
- 외재적 보상 의존 시 내재적 동기 저하 위험
- 복잡한 인지적, 정서적 측면 간과 가능성

행동과학적 접근법은 실제 행동 변화라는 교육의 궁극적 목표 달성에 효과적이며, 특히 안전보건교육에서 즉시적이고 구체적인 성과를 가져올 수 있지만, 다른 접근법과의 통합적 활용이 필요합니다.

세 가지 교육공학 접근법을 모두 살펴봤습니다. 이제 이들을 참여형 교수법과 어떻게 효과적으로 결합할 수 있는지 알아보겠습니다.

제**3**장

안전보건교육에 참여형 교수법 활용하기

3.1 안전보건교육의 중요성

생명을 지키는 첫 번째 방어선 : 재해 예방과 사고 감소

안전보건교육의 가장 근본적이고 중요한 목적은 산업재해를 예방하고 사고를 감소시키는 것입니다. 작업 현장에서 발생하는 모든 사고는 예방이 가능한 것이며, 그 핵심에는 충분하고 효과적인 안전보건교육이 있습니다. 근로자들이 작업 현장의 위험 요소를 정확히 인식하고, 적절한 안전 절차를 숙지하며, 위험 상황에 올바르게 대응할 수 있을 때 비로소 진정한 사고 예방이 가능합니다.

단순히 안전 규칙을 암기하는 것을 넘어 왜 그러한 규칙이 필요한지, 어떤 위험으로부터 자신을 보호하는 것인지를 깊이 이해할 때 근로자들은 자발적이고 지속적인 안전 행동을 실천하게 됩니다. 이는 곧 소중한 생명을 보호하고 가정의 평화를 지키는 일이며 사회 전체의 안전 수준을 높이는 기반이 됩니다.

조직의 생존을 위한 필수 요건 : 법적 준수와 책임

현대 사회에서 안전보건교육은 선택이 아닌 법적 의무입니다. 산업안전보건법을 비롯한 각종 안전 관련 법규는 사업주에게 근로자 안전교육 실시를 강제하고 있으며 이를 위반할 경우 법적 책임과 함께 심각한 경제적 손실을 초래할 수 있습니다.

하지만 진정한 법적 준수는 단순히 의무 시간을 채우는 형식적 교육이 아닙니다. 실질적인 안전 역량을 기르고 사고를 예방할 수 있는 내실 있는 교육을 제공해야 진정한 법적 책임을 다하는 것입니다. 만약 형식적 교육으로 인해 사고가 발생한다면 오히려 더 큰 법적 책임과 사회적 비난에 직면할 수 있습니다.

따라서 법적 요구사항을 충족하면서도 실질적인 교육 효과를 거둘 수 있는 체계적이고 효과적인 안전보건교육이 필요합니다. 이는 조직을 법적 위험으로부터 보호하고 지속 가능한 경영의 기반을 마련하는 핵심 요소입니다.

안전문화의 씨앗 : 근로자의 안전의식 제고

효과적인 안전보건교육은 근로자들의 안전에 대한 인식과 태도를 근본적으로 변화시킵니다. "사고는 나에게는 일어나지 않을 것"이라는 안일한 생각에서 벗어나, "안전은 나와 동료, 가족을 지키는 가장 중요한 가치"라는 인식으로 전환하는 것이 안전보건교육의 핵심 목표입니다.

이러한 의식 변화는 단순히 개인에게만 영향을 미치는 것이 아닙니다. 한 사람의 변화된 안전의식은 주변 동료들에게 전파되고, 팀 전체의 안전문화로 확산되며 결국 조직 전체의 안전 수준을 끌어올리는 선순환 구조를 만들어냅니다.

특히 관리감독자나 선배 근로자의 안전의식은 신입 근로자나 후배들에게 강력한 영향을 미치므로 체계적인 안전보건교육을 통해 조직 내 안전 리더를 양성하는 것이 매우 중요합니다.

경제성과 안전성의 동반 성장 : 생산성 향상과 비용 절감

안전보건교육에 대한 투자는 비용이 아닌 가장 확실한 수익 창출 방법 중 하나입니다. 산업재해가 발생하면 직접적인 치료비, 보상금, 법적 비용뿐만 아니라 생산 중단, 대체 인력 투입, 장비 복구, 조사 및 개선 활동 등으로 인한 간접 비용이 발생합니다. 연구에 따르면 간접 비용은 직접 비용의 4~5배에 이를 수 있다고 알려져 있습니다.

반면 효과적인 안전보건교육을 통해 사고를 예방하면 이러한 모든 비용을 절약할 수 있습니다. 또한 안전한 작업 환경에서 일하는 근로자들은 업무에 더 집중할 수 있고 스트레스가 줄어들어 생산성이 향상됩니다. 사고에 대한 불안감 없이 일할 수 있는 환경은 근로자의 창의성과 적극성을 높여 혁신적인 아이디어와 개선 제안으로 이어지기도 합니다.

장기적으로 보면 안전보건교육에 대한 지속적인 투자는 산업재해율 감소로 인한 보험료 절감, 우수한 안전 실적으로 인한 각종 인센티브 획득, 안전 인증 취득을 통한 입찰 가산점 확보 등 직접적인 경제적 혜택도 가져다줍니다.

조직의 지속가능성을 위한 핵심 자산 : 평판과 신뢰 확보

현대 사회에서 기업의 사회적 책임(CSR)과 지속가능경영에 대한 관심이 높아지면서 안전관리 수준은 조직의 평판을 좌우하는 중요한 요소가 되었습니다. 중대한 산업재해가 발생하면 해당 조직은 언론의 집중적인 관심을 받게 되고 이는 브랜드 이미지 손상, 고객 이탈, 우수 인재 채용 어려움 등으로 이어질 수 있습니다.

반대로 뛰어난 안전관리 실적을 보유한 조직은 사회적으로 신뢰받는 기업으로 인정받습니다. 이는 고객들의 신뢰 확보, 우수한 인재의 지원 증가, 협력업체와의 신뢰 관계 구축, 투자자들의 관심 증대 등 다양한 긍정적 효과를 가져다줍니다.

특히 MZ세대를 중심으로 한 젊은 근로자들은 연봉이나 복리후생만큼이나 안전하고 건강한 근무 환경을 중시하는 경향이 강합니다. 따라서 체계적인 안전보건교육을 통해 안전한 작업 환경을 조성하는 것은 우수한 인재를 유치하고 유지하는 핵심 전략이기도 합니다.

참여형 교수법 도입의 필요성

이러한 안전보건교육의 중요성을 고려할 때, 단순히 형식적인 교육으로는 진정한 목표 달성이 불가능함을 알 수 있습니다. 5% 기억률에 머무르는 전통적 강의식 교육으로는 생명과 직결된 안전 지식을 제대로 전달할 수 없으며 진정한 안전의식의 변화도 기대하기 어렵습니다.

따라서 90% 기억률을 달성할 수 있는 참여형 교수법의 도입이 절실합니다. 근로자들이 직접 참여하고 경험하며 상호작용하는 교육을 통해 안전 지식을 확실히 체득하고 안전에 대한 올바른 태도와 문화를 형성할 수 있습니다.

안전보건교육은 이러한 중요성을 인식하고 참여형 교수법을 통해 교육의 질적 혁신을 이루어내는 것이야말로 근로자의 생명을 지키고, 조직의 지속 가능한 발전을 이루며 사회 전체의 안전 수준을 높이는 가장 확실한 방법입니다.

안전보건교육의 중요성을 확인했습니다. 이제 현재 안전보건교육이 직면한 현실적 문제점들과 개선 과제를 살펴보겠습니다.

제3장 안전보건교육에 참여형 교수법 활용하기

3.2 산업안전보건법 의무 교육에 대한 현실과 과제

법정교육의 민낯 : 형식만 남은 의무 이행

우리나라 산업안전보건법은 사업주에게 근로자에 대한 안전보건교육을 의무화하고 있습니다. 법 제29조(근로자에 대한 안전보건교육)에서는 사업주에게 소속 근로자에 대하여 고용노동부령에 따라 정기교육, 채용 시 교육, 작업 내용 변경 시 교육, 특별교육 및 안전보건관리책임자 등에 대한 교육 의무를 규정하고 있습니다. 하지만 근로자에 대한 정기교육의 현실은 법 조문과는 전혀 다른 모습을 보이고 있습니다.

많은 사업장에서 안전보건교육은 "시간 때우기" 그 이상도 이하도 아닙니다. 법에서 정한 시간만 채우면 된다는 인식이 팽배하며 교육의 질이나 효과에 대한 고민은 뒷전입니다. 교육자는 정해진 교안을 읽어 내려가기 바쁘고 근로자들은 휴대폰을 만지거나 졸거나 딴 생각을 하며 시간이 지나가기만 기다립니다.

"법정교육 몇 시간 받았습니까?"라는 질문에는 정확히 답하지만, "무엇을 배웠습니까?"라는 질문에는 제대로 답하지 못하는 것이 현실입니다. 이는 교육이 단순히 법적 의무를 면피하기 위한 행정 업무로 전락했음을 의미합니다.

일방통행 교육의 한계 : 5%의 벽을 넘지 못하는 현실

현재 대부분의 안전보건교육은 여전히 교육자 중심의 일방적 강의 방식으로 진행됩니다.

교육자는 학습자를 보지 않고 파워포인트를 보며 안전 규칙을 설명하고 근로자들은 조용히 앉아서 듣는 것이 전부입니다. 질문도 거의 없고, 토론도 없으며 상호작용은 찾아보기 어렵습니다.

이러한 방식의 교육에서 근로자들의 실제 기억률은 5%에 불과합니다. 즉, 4시간 교육을 받아도 실제로 기억하고 활용하는 내용은 12분 분량에 지나지 않는다는 뜻입니다. 나머지 95%는 교육장을 나서는 순간 머릿속에서 사라져버립니다.

더욱 심각한 것은 근로자들 스스로도 이러한 현실을 인정하고 체념하고 있다는 점입니다. "어차피 매년 듣는 똑같은 내용", "실제 현장과는 동떨어진 이론", "재미없고 지루한 의무교육"이라는 인식이 고착화되어 있습니다.

참여도 제로의 교육 현장 : 몸은 있지만 마음은 없는 학습자들

현재 안전보건교육 현장에서 가장 심각한 문제는 근로자들의 극도로 낮은 참여도입니다. 법적으로는 참석해야 하니 몸은 교육장에 있지만 정신적으로는 완전히 다른 곳에 있는 상태입니다.

- **휴대폰 사용** : 교육 중에도 버젓이 휴대폰을 만지며 개인적인 업무나 SNS를 확인합니다.
- **졸음** : 딱딱한 의자에 앉아 단조로운 강의를 듣다 보면 자연스럽게 졸음이 쏟아집니다.
- **사적 대화** : 옆 사람과 업무나 개인적인 이야기를 나누며 강의 내용은 전혀 듣지 않습니다.
- **조기 퇴실** : 법정 시간만 채우고 나면 슬그머니 자리를 뜨는 모습을 흔히 볼 수 있습니다.

교육자조차도 이러한 현실을 당연하게 받아들이고 있습니다. "어차피 들을 생각이 없는데 뭘 해도 소용없다"라는 체념적 태도로 형식적인 교육을 진행하는 경우가 대부분입니다.

현장과 괴리된 교육 내용 : 실용성 제로의 이론 중심 교육

많은 안전보건교육이 실제 현장과는 동떨어진 일반적이고 추상적인 내용으로 구성되어 있습니다. 건설 현장에서 일하는 근로자에게 사무실 안전을 가르치거나 화학공장 근로자에게 일반적인 재해 통계만 나열하는 식입니다.

- 현장 맞춤형 교육 부재 : 실제 작업 환경과 위험 요소를 반영하지 못한 일반론적 교육
- 케이스 스터디 부족 : 유사한 현장에서 발생한 실제 사고 사례 분석 미흡
- 실습 기회 제로 : 실제 안전 장비 사용법이나 응급처치 등 체험할 기회 없음
- 업데이트되지 않는 교안 : 몇 년 전에 만든 교안을 그대로 재활용하는 경우가 태반

근로자들이 "이 교육이 내 일과 무슨 상관이 있나?"라고 생각하는 것은 어쩌면 당연한 결과입니다.

평가의 무의미함 : 통과를 위한 형식적 시험

대부분의 안전보건교육에서 실시하는 평가는 교육 효과를 측정하는 것이 아니라 법적 요건을 충족하기 위한 형식적 절차에 불과합니다.

- 뻔한 문제 : "안전모를 착용해야 한다.(O/X)" 같은 상식적인 문제만 출제
- 정답 공개 : 시험 전에 미리 정답을 알려주거나 교육 중에 정답을 힌트로 제공
- 100% 통과율 : 어떤 답을 써도 통과시켜주는 요식행위
- 피드백 없음 : 틀린 문제에 대한 설명이나 보충 교육 전혀 없음

이러한 평가로는 근로자가 정말로 안전 지식을 습득했는지, 실제 상황에서 올바르게 대응할 수 있는지 전혀 알 수 없습니다.

조직 차원의 안전문화 부재 : 교육의 고립

더욱 근본적인 문제는 안전보건교육이 조직의 전체적인 안전문화와 연결되지 못하고 있다는 점입니다.

- 경영진의 무관심 : 안전교육을 비용으로만 인식하고 투자를 기피
- 관리자의 소극적 태도 : 형식적 참여에 그치고 솔선수범하지 않음
- 현장의 이중 잣대 : 교육에서는 안전을 강조하지만 현장에서는 생산성 우선
- 지속성 부족 : 교육 후 실천을 독려하거나 점검하는 시스템 부재

결국 교육장에서만 안전을 이야기하고, 현장에 돌아가면 예전과 똑같은 관행이 지속되는 악순환이 반복됩니다.

투자 대비 효과의 의문 : 쏟아붓는 비용, 보이지 않는 성과

현재의 안전보건교육에 투입되는 사회적 비용은 막대합니다. 교육 비용, 근로자들의 시간 비용, 생산 차질 등을 모두 합하면 연간 수조 원에 이를 것으로 추정됩니다. 하지만 이러한 막대한 투자에 비해 실질적인 성과는 의문스러운 수준입니다.

- 산업재해율의 정체 : 교육 투자 증가에도 불구하고 재해율 감소 효과 미미
- 안전 의식의 변화 부족 : 근로자들의 안전에 대한 태도와 행동 변화 제한적
- 교육 만족도 저조 : 대부분의 근로자가 교육에 대해 부정적 인식 보유

해결의 실마리 : 패러다임 전환의 절실함

이러한 현실을 직시할 때, 현재의 안전보건교육 방식으로는 더는 의미 있는 변화를 기대

제3장 안전보건교육에 참여형 교수법 활용하기

하기 어렵다는 결론에 도달하게 됩니다. 단순히 교육 시간을 늘리거나 교육 내용을 추가하는 것으로는 근본적인 해결이 불가능합니다.

필요한 것은 교육 방법론의 근본적 전환입니다. 5% 기억률의 일방적 강의에서 90% 기억률의 참여형 교육으로, 형식적 의무 이행에서 실질적 역량 개발로, 개별적 교육에서 조직문화 변화로 패러다임을 완전히 바꿔야 합니다.

앞서 참여형 교육의 효과에서 보여주듯이 방법만 바꾸면 극적인 변화가 가능합니다. 이제는 현실에 안주하지 말고 근본적인 변화에 도전해야 할 때입니다.

다소 비판적인 사고로 현실의 문제점을 가감 없이 진단했습니다. 이제 이러한 문제를 해결하기 위한 구체적인 방법론인 ADDIE 모형을 활용한 참여형 교수법 설계와 적용을 살펴보겠습니다.

3.3 ADDIE 모형을 활용한 참여형 교수법 설계와 적용

ADDIE 모형의 개요와 순환 구조

ADDIE 모형은 분석(Analysis) → 설계(Design) → 개발(Development) → 실행(Implementation) → 평가(Evaluation)의 5단계로 구성된 체계적 교육 설계 모형입니다. 이 모형의 가장 중요한 특징은 각 단계가 순차적으로 진행되면서도 순환적(Cyclical) 구조를 가진다는 점입니다.

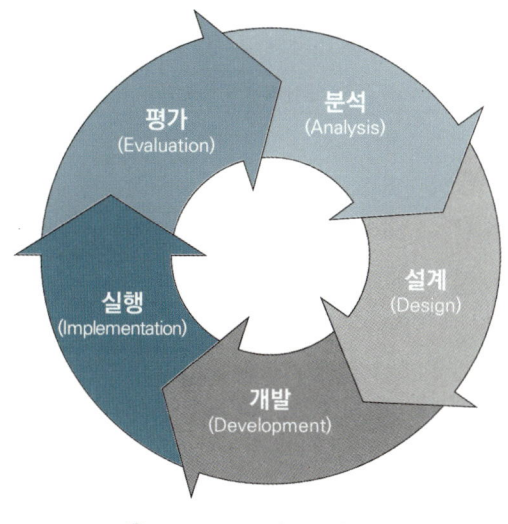

◆ ADDIE 모형 순환 구조

각 단계의 결과는 다음 단계의 입력이 되며 평가 단계에서 얻은 피드백은 전체 과정을 개선하는 데 활용됩니다. 이러한 순환 구조를 통해 지속적인 개선이 가능합니다.

제3장 안전보건교육에 참여형 교수법 활용하기

1단계 : 분석(Analysis) 학습 환경과 요구를 이해하는 단계

분석 단계는 "누구를 위한, 무엇을 위한 교육인가?"라는 근본적 질문에 답하는 단계입니다. 효과적인 참여형 교육을 설계하기 위해서는 학습자, 학습 환경, 학습 요구를 정확히 파악해야 합니다.

1) 학습자 특성 분석

> **학습자 대상 특성 분석**
> - 기본 정보 : 연령, 경력, 교육 수준
> - 작업 특성 : 담당 업무, 작업 환경
> - 사전 지식 : 안전 관련 기존 지식 수준
> - 학습 동기 : 교육 참여 의지와 기대
> - 학습 선호 : 선호하는 학습 방식

안전보건교육에서는 신입 근로자와 경험이 많은 근로자, 관리감독자와 일반 작업자의 특성이 완전히 다릅니다.
예를 들어

- **신입 근로자** : 기본적인 안전 규칙과 개인보호구(PPE) 사용법 중심
- **경험이 많은 근로자** : 복잡한 위험 상황 판단과 응급처치 등 심화 내용
- **관리감독자** : 안전관리 책임과 소속 근로자에 대한 지도 방법과 리더십 발휘

2) 학습 환경 분석

물리적 환경(교육 공간, 장비, 도구)과 조직적 환경(안전문화, 지원 체계, 제약 요인)을 종합적으로 분석합니다. 참여형 교육을 위해서는 상호작용이 가능한 공간 배치와 다

양한 활동을 지원할 수 있는 환경이 필수입니다.

3) 학습 요구 분석

- **법적 요구사항** : 산업안전보건법상 의무 교육 내용과 시간
- **조직적 요구** : 회사의 안전 정책과 목표
- **현장 요구** : 실제 작업 현장의 위험 요소와 안전 이슈
- **개인적 요구** : 학습자들이 알고 싶어 하는 내용

4) 성과 차이 분석

현재 안전 수준과 목표 안전 수준 간의 차이를 명확히 파악하여 교육을 통해 달성하고자 하는 구체적인 변화를 정의합니다.

2단계 : 설계(Design) 학습 목표와 교수 전략의 구체화

분석 결과를 바탕으로 "어떻게 가르칠 것인가?"에 대한 구체적인 청사진을 그리는 단계입니다.

1) 학습 목표 설정

> **SMART 학습 목표 설정**
> - **S** (Specific) : 구체적인
> - **M** (Measurable) : 측정 가능한
> - **A** (Achievable) : 달성 가능한
> - **R** (Relevant) : 관련성 있는
> - **T** (Time-bound) : 시간 제한이 있는

제3장 안전보건교육에 참여형 교수법 활용하기

- 예시 : "교육 종료 후 학습자는 화재 발생 시 30초 내에 올바른 대피 절차를 수행할 수 있다"

2) 교수 전략 수립

참여형 교수법에 적합한 다양한 전략을 조합하여 설계합니다.

- **체험 학습** : 가상 시나리오 활동, 시뮬레이션
- **협력 학습** : 리치픽처 활동, 그룹 토론
- **실습 학습** : 안전관찰 활동, 실제 장비 사용 연습

3) 학습 활동 설계

각 학습 목표를 달성하기 위한 구체적인 활동을 설계합니다. 전통적인 강의보다는 학습자가 직접 참여할 수 있는 활동 중심으로 구성합니다.

4) 평가 방법 설계

단순한 지필 평가를 넘어 실제 수행 능력을 평가할 수 있는 다양한 방법을 설계합니다.

- **수행 평가** : 실제 안전 절차 수행 능력
- **포트폴리오** : 학습 과정에서 작성한 결과물
- **동료 평가** : 팀 활동에서의 협력과 기여도

3단계 : 개발(Development) 학습자 참여를 중심으로

설계된 교육 계획을 실제 교육 자료와 활동으로 구현하는 단계입니다.

1) 참여형 교육 자료 개발

> **참여형 교육 자료 개발(사례)**
> - 상호작용 중심 PPT
> - 실제 사고 사례 동영상
> - 체험형 시뮬레이션 도구
> - 그룹 활동용 워크시트
> - 역할극 시나리오

2) 매체 선정과 통합

- **전통적 매체** : 프레젠테이션, 인쇄물, 동영상
- **디지털 매체** : 온라인 플랫폼, 모바일 앱, VR/AR
- **참여형 매체** : 시뮬레이션, 게임, 협업 도구

3) 형성평가 실시

개발한 자료의 효과성을 사전에 검증합니다.

- **파일럿 교육** : 소규모 대상으로 시범 운영
- **자료 이해도 점검** : 학습자가 자료를 제대로 이해하는지 확인
- **개선점 도출** : 문제점을 파악하고 수정 방안 마련

4) 자료 최적화

형성평가 결과를 바탕으로 자료를 수정하고 완성도를 높입니다.
- **참여도 제고** : 더 많은 상호작용 요소 추가
- **현실성 강화** : 실제 현장과의 연관성 증대
- **효율성 개선** : 시간 배분과 난이도 조정

4단계 : 실행(Implementation) 학습 경험을 현장에서 실천하는 단계

개발된 교육 프로그램을 실제 교육 현장에서 운영하는 단계입니다.

1) 학습 환경 조성

> **학습 환경 체크리스트**
> - 상호작용 가능한 좌석 배치
> - 필요한 교육 도구와 자료 준비
> - 기술적 설비 사전 점검
> - 편안하고 안전한 분위기 조성

2) 참여형 진행 기법 적용

전통적인 강의 방식을 지양하고 다양한 참여형 기법을 활용합니다.
- **아이스브레이킹** : 긴장 완화와 관계 형성
- **그룹 토론** : 경험 공유와 집단 지성 활용
- **실습 활동** : 직접 체험을 통한 체화
- **성찰 활동** : 학습내용의 내재화

3) 학습자 참여 관리

모든 학습자가 적극적으로 참여할 수 있도록 세심하게 관리합니다.
- 참여 독려 : 소극적인 학습자의 참여 유도
- 균형 조절 : 적극적인 학습자와 소극적인 학습자 간 균형
- 갈등 조정 : 의견 충돌 시 건설적 해결

4) 실시간 조정

교육 진행 중 상황에 따라 유연하게 조정합니다.

- 진도 조절 : 학습자의 이해도에 따른 속도 조정
- 방법 변경 : 효과가 낮은 활동의 즉석 수정
- 시간 관리 : 활동별 시간 배분의 탄력적 운영

5단계 : 평가(Evaluation) 학습 효과 검토와 개선의 기회

교육의 효과를 체계적으로 측정하고 지속적인 개선을 도모하는 단계입니다.

1) 반응 평가(Reaction)

> **반응 평가 단계**
> - 1단계 : 반응(Reaction) – 만족도
> - 2단계 : 학습(Learning) – 지식/기술 습득
> - 3단계 : 행동(Behavior) – 현장 적용
> - 4단계 : 결과(Results) – 조직 성과

학습자의 교육 만족도, 참여도, 교육 방법에 대한 선호도 등을 측정합니다. 참여형 교수법의 경우 일반적으로 높은 만족도를 보이지만 구체적인 피드백을 통해 개선점을 찾아야 합니다.

2) 학습 평가(Learning)

지식, 기술, 태도의 변화를 측정합니다.
- **사전 사후 비교** : 교육 전후 지식수준 비교
- **수행 평가** : 실제 안전 절차 수행 능력 평가
- **태도 변화** : 안전에 대한 인식과 태도 변화 측정

3) 행동 평가(Behavior)

실제 작업 현장에서의 행동 변화를 추적합니다.
- **현장 관찰** : 실제 안전 행동 실천 여부 확인
- **동료 평가** : 함께 일하는 동료들의 평가
- **자기 보고** : 학습자 스스로의 행동 변화 인식

4) 결과 평가(Results)

교육이 조직 전체에 미친 영향을 측정합니다.
- **재해율 변화** : 교육 전후 산업재해 발생률 비교
- **비용 절감** : 사고 예방으로 인한 경제적 효과
- **문화 변화** : 조직 내 안전문화 개선 정도

평가 결과는 다음 교육 사이클의 분석 단계로 피드백되어 지속적인 개선을 이루어냅니다.

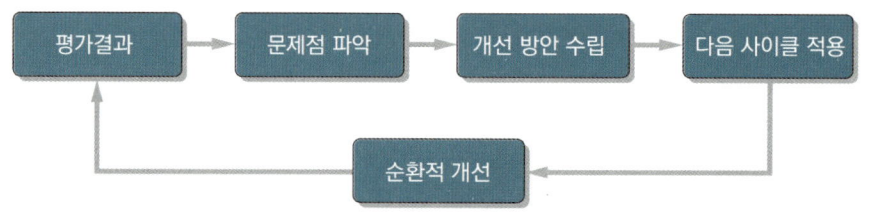

ADDIE 모형의 안전보건교육에서의 중요성

ADDIE 모형은 안전보건교육에서 과학적이고 체계적인 접근을 가능하게 하는 핵심 프레임워크입니다. 생명과 직결된 안전보건교육의 특성상 경험이나 직감에 의존한 교육 방식은 한계가 있으며 교육학적 이론과 실증 연구에 기반한 과학적 근거가 필요합니다. ADDIE 모형의 가장 중요한 가치는 교육 프로세스 전반에 걸친 체계성으로, 각 단계가 논리적으로 연결되어 교육 목표에서 평가까지 일관된 흐름을 유지할 수 있습니다. 이는 교육 내용의 중복을 방지하고 핵심 안전 요소의 누락을 차단하여 복잡하고 다양한 위험 요소가 존재하는 안전보건 분야에서 교육의 완성도와 포괄성을 크게 높입니다. 또한 주관적 판단보다는 객관적 데이터를 바탕으로 교육적 의사결정을 내릴 수 있도록 하여 학습자의 안전 인식 수준, 작업 환경의 위험 요소, 조직의 안전문화 등을 정량적·정성적으로 측정하고 분석하여 최적의 교육 전략을 수립할 수 있습니다.

ADDIE 모형의 체계적 구조는 참여형 교수법의 다양한 기법들을 효과적으로 통합할 수 있는 기반을 제공하며 각 참여형 활동이 명확한 학습 목표와 연결되고 상호 보완적으로 작용하도록 설계하여 학습자의 능동적 참여, 실무 적용 능력 향상, 안전의식 내재화 등의 효과를 최대한 발휘할 수 있습니다. 순환적 구조를 통한 지속적 개선은 변화하는 안전 환경과 새로운 위험 요소에 능동적으로 대응할 수 있게 하며 명확한 절차와 기준에 따라 일관된 교육 품질을 유지하여 조직 차원의 안전교육 표준화에 기여합니다. 따라서 ADDIE 모형은 단순한 교육 방법론을 넘어 안전보건교육의 패러다임을 과학적이고 체계적인 방향으로 전환시키는 핵심 도구로써 안전사고 예방이라는 궁극적 목표를 보다 효과적으로 달성할 수 있게 합니다.

ADDIE 모형의 체계적 접근법을 이해했습니다. 다음으로 이러한 설계 과정에서 활용할 수 있는 국가직무능력표준(NCS)에 대해 살펴보겠습니다.

3.4 국가직무능력표준 활용

NCS(국가직무능력표준, National Competency Standards)란?

국가직무능력표준(NCS)은 산업현장에서 직무를 수행하기 위해 요구되는 지식, 기술, 태도 등의 내용을 국가가 체계화한 것입니다. NCS는 특정 직무를 성공적으로 수행하기 위해 필요한 능력(competency)을 국가 차원에서 표준화한 것으로 교육훈련과 자격, 채용 등 인적자원 개발 전반에 활용할 수 있도록 개발되었습니다.

NCS는 산업현장의 직무를 성공적으로 수행하기 위한 능력을 도출하고 이를 국가적 차원에서 표준화하여 산업현장과 교육훈련을 연계시키는 핵심 도구 역할을 합니다.

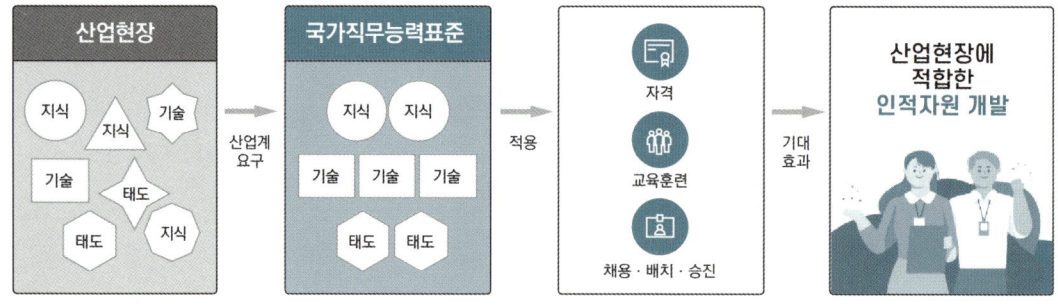

이미지 : 국가능력표준 홈페이지

◆ NCS개념도

NCS 분류

국가직무능력표준의 분류는 직무의 유형(Type)을 중심으로 국가직무능력표준의 단계적 구성을 나타내는 것으로 한국고용직업분류(KECO) 등을 참고하여 대분류 24개, 중분류 81개, 소분류 273개, 세분류 1,100개로 나뉘어 있으며, 각 분류에 따라 구체적인 직무와 필요한 능력이 정의되어 있습니다.

NCS 학습모듈 개념

국가직무능력표준(NCS, National Competency Standards)이 현장의 '직무 요구서'라고 한다면, NCS 학습모듈은 NCS의 능력 단위를 교육훈련에서 학습할 수 있도록 구성한 '교수·학습 자료'입니다. NCS 학습모듈은 구체적 직무를 학습할 수 있도록 이론과 실습에 관련된 내용을 상세하게 제시하고 있습니다.

제3장 안전보건교육에 참여형 교수법 활용하기

[NCS-학습모듈의 위치]

대분류	환경·에너지·안전
중분류	산업안전
소분류	산업안전관리

세분류		
산업안전관리공통직무	능력단위	학습모듈명
기계안전관리	산업안전관리 계획수립	산업안전관리 계획수립
전기안전관리	**산업안전 위험성평가**	**산업안전 위험성평가**
건설안전관리	사업장 안전점검	사업장 안전점검
화공안전관리	산업안전교육	산업안전교육
가스안전관리	협력업체 산업안전관리	협력업체 산업안전관리
방사선측정평가	산업재해 대응	산업재해 대응
원자력발전소해체 방사성폐기물관리	산업안전 문서관리	산업안전 문서관리
	산업안전 보호장비관리	산업안전 보호장비관리
	사업장 내 교통안전관리	사업장 내 교통안전관리

이미지 : NCS학습모듈 산업안전 위험성평가

◆ NCS-학습모듈의 위치

NCS와 학습모듈의 연결체계

NCS와 NCS 학습모듈 간의 연결체계를 바탕으로 산업안전 위험성평가(LM230610002_21v1) 모듈에 대하여 사례로 알아보겠습니다.

학습모듈명 : 산업안전 위험성평가

학습모듈의 목표 : 사업장 내 위험요인을 결정하여 감소대책을 수립하고, 평가보고서 작성 후 평가 결과를 환류하여 사업장 내 위험요인을 관리할 수 있다.

학습명	학습내용	필요 지식	수행 내용	교수·학습 방법	평가
1. 산업안전 위험성평가 사전 준비하기	• 위험성평가 필요 요소 파악 • 위험성평가 대상 선정				
2. 산업안전 유해·위험 요인 파악하기	• 유해·위험요인 파악 • 유해·위험요인 선정				
3. 산업안전 위험성 결정하기	• 위험성 추정 • 허용 가능한 위험성 기준 설정				
4. 산업안전 위험성 감소대책 수립하기	• 위험성 감소대책 수립 • 위험성 감소대책 개선계획 수립				
5. 산업안전 위험성평가	• 위험성평가 보고서 작성 • 위험성평가 결과 정보 제공 • 산업안전관리 매뉴얼에 반영				

학습모듈명은 NCS 능력단위 1개당 1개의 학습모듈 개발을 원칙으로 합니다. 그러나 필요에 따라 고용단위와 교과단위를 고려하여 능력단위 몇 개를 묶어 1개 학습모듈로 개발할 수 있으며, NCS 능력단위 1개를 여러 개의 학습모듈로 나누어 개발할 수도 있습니다.

학습모듈의 목표는 학습자가 해당 학습모듈을 통해 성취해야 할 목표를 제시한 것으로 교육자는 학습자가 학습모듈의 전체적인 내용 흐름을 파악하도록 지도할 수 있습니다.

학습명은 해당 NCS 능력단위요소 명칭을 사용하여 제시하였습니다. 하나의 학습은 일반교과의 '대단원'에 해당되며, 학습모듈을 구성하는 가장 큰 단위가 됩니다. 또한 하나의

제3장 안전보건교육에 참여형 교수법 활용하기

직무를 수행하기 위한 가장 기본적인 단위로 사용할 수 있습니다.

학습내용은 NCS 능력단위 요소별 수행 준거를 기준으로 제시하였습니다. 일반교과의 '중단원'에 해당합니다.

필요지식은 해당 NCS의 지식을 토대로 학습에 대한 이해와 성과를 제고하기 위해 반드시 알아야 할 주요 지식을 제시하고 있습니다. 필요지식은 수행에 꼭 필요한 핵심 내용을 위주로 제시하여 교육자의 역할이 매우 중요하며 이후 수행 순서와 연계하여 교수·학습으로 진행할 수 있습니다.

수행내용은 해당 학습모듈에서 제시한 내용 중 기술(Skill)을 습득하기 위한 실습과제로 활용될 수 있으며, 재료·자료, 기기(장비·공구), 안전·유의 사항 및 수행 순서로 구성됩니다.

교수·학습 방법은 학습 목표를 성취하는 데 필요한 교수 방법과 학습 방법을 제시하였습니다. 교수 방법은 해당 학습 활동에 필요한 학습내용, 학습내용과 관련된 자료명, 자료 형태, 수행내용의 진행 방식 등에 대하여 제시하였습니다. 또한 학습자의 수업 참여도 제고 방법 및 수업 진행상 유의사항 등도 제시하였습니다. 선수학습이 필요한 학습을 학습자가 숙지하였는지 교육자가 확인하는 과정으로 활용할 수도 있습니다. 학습 방법은 해당 학습 활동에 필요한 학습자의 자기주도 학습 방법을 제시하였습니다. 또한 학습자가 숙달해야 할 실기 능력과 학습 과정에서 주의해야 할 사항 등도 제기하였습니다. 학습자가 학습을 이수하기 전 반드시 숙지해야 할 기본 지식을 학습하였는지 스스로 확인하는 과정에 활용할 수 있습니다.

평가는 NCS 능력단위의 평가 방법과 평가 시 고려사항을 준용하여 작성하였습니다. 교육자와 학습자가 평가 항목별 성취수준 확인 시 활용할 수 있습니다.

NCS 활용의 장점과 효과

NCS를 활용한 안전보건교육 설계는 다음과 같은 장점을 제공합니다.

1. **표준화된 교육 기준 확보** : 국가 차원에서 검증된 직무능력 기준을 활용하여 일관되고 체계적인 교육과정을 설계할 수 있습니다.

3.4 국가직무능력표준 활용

2. 현장 중심의 실무 교육 : 산업현장의 실제 직무를 반영한 NCS 기준을 활용하여 현장에서 바로 활용 가능한 실무 중심 교육이 가능합니다.
3. 객관적 평가 기준 제공 : 명확한 능력단위와 수행준거를 바탕으로 객관적이고 공정한 평가가 가능합니다.
4. 교육의 연계성 확보 : 교육훈련, 자격, 채용이 하나의 기준으로 연결되어 교육의 연속성과 일관성을 확보할 수 있습니다.

참여형 교수법과 NCS의 결합

ADDIE 모형을 활용한 참여형 교수법 설계 시 NCS를 함께 활용하면 더욱 체계적이고 효과적인 교육이 가능합니다. ADDIE의 분석(Analyze), 설계(Design), 개발(Develop), 실행(Implement), 평가(Evaluate) 각 단계에서 해당 직무의 NCS 기준을 참조하여 교육의 방향성을 설정하고 구체적인 내용을 구성할 수 있습니다.

특히 NCS의 능력단위는 지식, 기술, 태도를 균형 있게 포함하고 있어 참여형 교수법에서 추구하는 전인적 학습과 잘 부합합니다. 단순한 지식 전달을 넘어 실제 직무 수행 능력을 기르는 것을 목표로 하는 점에서 두 접근법은 완벽한 시너지를 창출할 수 있습니다.

이러한 NCS와 참여형 교수법의 결합을 통해 국가 표준에 부합하면서도 현장 적용성이 높고 학습자 참여도가 뛰어난 안전보건교육을 설계하고 운영할 수 있습니다.

NCS의 개념과 분류 체계를 이해했습니다. 이제 이 모든 내용을 종합하여 참여형 교수법을 준비해 보겠습니다.

제4장

참여형 교수법 준비하기

제4장 참여형 교수법 준비하기

4.1 최적의 학습공간 만들기

공간 배치 : 소통과 상호작용을 위한 배치

참여형 교수법에서 가장 중요한 것은 학습자들이 서로 얼굴을 보며 자연스럽게 소통할 수 있는 공간 배치입니다. 전통적인 강의실의 일렬 배치는 일방향 소통에 적합하지만 참여형 교육에서는 원형이나 U자형 배치가 훨씬 효과적입니다. 소그룹 활동이 많은 경우에는 4~6명씩 원형 테이블에 앉도록 구성하여 그룹 토론과 협업이 원활하게 이루어지도록 해야 합니다. 또한 활동에 따라 자리 이동이 필요할 수 있으므로 충분한 여유 공간을 확보하는 것이 중요합니다.

시청각 장비 : 몰입도를 높이는 기술 지원

효과적인 참여형 교육을 위해서는 고해상도 프로젝터와 적절한 크기의 스크린이 필수입니다. 모든 자리에서 화면이 잘 보여야 하며 무선 연결 기능이 있으면 다양한 기기를 쉽게 연결할 수 있도록 준비합니다. 음향 시설도 중요한데, 무선 마이크와 적절한 출력의 스피커를 통해 모든 참가자가 명확하게 교육자의 메시지를 들을 수 있어야 합니다. 즉석에서 아이디어를 기록하고 시각화할 수 있는 화이트보드나 플립차트도 반드시 준비해야 하며 모든 장비는 사전에 테스트하여 문제없이 작동하는지 확인해야 합니다.

학습자 지원 장비 : 참여를 돕는 도구들

참가자들이 적극적으로 참여할 수 있도록 다양한 색상의 펜, 포스트잇, 마커 등 필기도구를 충분히 준비해야 합니다. 그룹 활동용으로는 플립차트 용지, 색깔별 스티커, 가위와 풀 같은 제작 도구가 필요합니다. 개인별 네임택과 탁상용 이름표도 준비하여 참가자들이 서로를 쉽게 알아볼 수 있도록 해야 합니다. 특별한 활동이 있는 경우에는 역할극용 소품이나 안전교육용 실제 장비 모형 등도 미리 준비해두면 좋습니다.

휴식공간 및 편의시설 : 편안함이 학습 효과를 결정한다

장시간 교육이 진행될 때는 적절한 휴식이 필수입니다. 강의장과 분리된 별도의 휴게 공간을 마련하여 참가자들이 편안하게 쉴 수 있도록 해야 합니다. 이 공간에서는 자연스러운 네트워킹도 이루어질 수 있으므로 간단한 다과나 음료를 제공하면 더욱 좋습니다. 화장실 위치를 명확히 안내하고 개인 소지품을 보관할 수 있는 공간도 마련해야 합니다. 접근성을 고려하여 장애인을 위한 편의시설과 비상 상황 시 대피로도 미리 확인해두어야 합니다.

조명 : 집중력과 분위기 조성

적절한 조명은 학습 분위기와 집중력에 큰 영향을 미칩니다. 가능한 한 자연광이 들어오는 공간을 선택하되, 직사광선이 화면이나 활동에 방해되지 않도록 블라인드나 커튼으로 조절할 수 있어야 합니다. 인공조명은 전체 조명과 부분 조명을 적절히 조합하고 프로젝터 사용 시 조도 조절이 가능해야 합니다. 너무 밝거나 어둡지 않은 적정 조도를 유지하여 밝고 따뜻한 분위기를 조성하는 것이 중요합니다.

온도와 환기 : 쾌적한 환경 유지

학습자들이 집중할 수 있는 최적의 온도는 22~24℃ 정도입니다. 계절이나 활동량에 관계없이 이 온도를 유지할 수 있도록 냉난방 시설을 점검하고 개인차를 고려해 유연하게 조절할 수 있어야 합니다. 신선한 공기 공급을 위해 정기적인 환기가 필요하며 자연 환기가 어려운 경우 기계 환기를 활용해야 합니다. 미세먼지나 냄새가 있다면 공기청정기를 사용하고 필요에 따라 가습기나 제습기로 습도도 조절해야 합니다.

기타 주의사항 : 안전하고 효과적인 환경

무엇보다 안전이 최우선입니다. 비상구 위치와 대피 경로를 확인하고, 소화기나 응급처치 용품의 위치를 파악해 두어야 합니다. 이동이나 체험 활동 시에는 안전사고가 발생하지 않도록 각별히 주의해야 합니다. 외부 소음을 차단하여 집중할 수 있는 환경을 만들고 정리정돈된 깔끔한 공간을 유지해야 합니다. 다양한 연령대와 신체 조건의 참가자를 고려하여 포용적인 환경을 조성하고 활동에 따라 공간을 유연하게 재배치할 수 있도록 준비해야 합니다.

이러한 세심한 환경 조성을 통해 학습자들이 편안하고 적극적으로 참여할 수 있는 최적의 조건을 만들 수 있으며, 이는 참여형 교수법의 성공을 위한 필수 조건입니다.

최적의 학습 환경 조성 방법을 이해했습니다. 이제 효과적인 교육 진행을 위해 필요한 구체적인 준비물들을 살펴보겠습니다.

4.1 최적의 학습공간 만들기

◆ 적합한 좌석 배치

◆ 휴식 공간

◆ 참여형 교수법에 부적합한 좌석 배치

제4장 참여형 교수법 준비하기

4.2 강의 성공을 위한 준비물 A to Z

강의자료 : 참여형 교육의 핵심 콘텐츠

참여형 교수법에서 강의자료는 단순한 정보 전달 도구가 아니라 학습자의 적극적 참여를 유도하는 핵심 요소입니다. 전통적인 텍스트 중심의 파워포인트에서 벗어나 상호작용 요소가 포함된 프레젠테이션을 준비해야 합니다. 학습자들이 직접 참여할 수 있는 질문과 토론 포인트를 곳곳에 배치하고 시각적 자료와 실제 사례를 풍부하게 활용해야 합니다.

교육 내용과 관련된 실제 동영상이나 사진 자료는 학습자들의 관심을 끌고 현실감을 높여주는 중요한 도구입니다. 특히 안전보건교육에서는 실제 사고 사례나 안전 절차를 보여주는 영상 자료가 매우 효과적입니다. 또한 학습자들이 개별적으로 또는 그룹으로 작성할 수 있는 워크시트나 체크리스트도 미리 준비해두어야 합니다. 이러한 자료들은 교육 후에도 현장에서 참고할 수 있는 실용적인 도구가 됩니다.

교육자용 장비 : 원활한 진행을 위한 필수 도구

교육자가 교육을 원활하게 진행하기 위해서는 기본적인 장비들이 반드시 필요합니다. 노트북이나 태블릿은 프레젠테이션 파일과 각종 자료를 저장하고 실행하는 핵심 도구입니다. 만약의 상황에 대비해 USB나 외장하드에 백업 파일을 준비해두는 것도 중요합니다. 레이

저포인터(프레젠터)는 화면의 특정 부분을 가리키거나 슬라이드를 원격으로 조작할 때 유용합니다.

타이머나 스톱워치는 활동 시간을 정확히 관리하는 데 필수적입니다. 참여형 교육에서는 다양한 활동들이 시간제한 내에 진행되어야 하므로 시간 관리가 매우 중요합니다. 휴대용 마이크나 확성기는 큰 공간에서 교육할 때나 그룹 활동 시 전체에게 안내 사항을 전달할 때 유용합니다. 또한 카메라나 스마트폰을 활용해 교육 과정을 기록하면 나중에 평가나 개선에 활용할 수 있습니다.

참여 도구 : 상호작용을 촉진하는 핵심 아이템

참여형 교육의 성패는 학습자들이 얼마나 적극적으로 참여하느냐에 달려 있습니다. 이를 위해서는 다양한 참여 도구들이 필요합니다. 색깔별 카드나 투표용 도구는 학습자들의 의견을 즉석에서 수렴하거나 간단한 투표를 진행할 때 유용합니다. 네임택이나 역할 배지는 참가자들이 서로를 쉽게 알아볼 수 있게 하고 역할극이나 그룹 활동에서 역할을 명확히 구분하는 데 도움이 됩니다.

다양한 크기와 색깔의 포스트잇은 아이디어 수집, 의견 분류, 브레인스토밍 등 거의 모든 참여 활동에서 활용할 수 있는 만능 도구입니다. 플립차트나 전지, 색연필, 마커펜 등은 그룹별로 결과물을 만들거나 아이디어를 시각화할 때 필요합니다. 주사위나 추첨 도구는 무작위로 순서를 정하거나 팀을 구성할 때 공정성을 확보하면서도 재미를 더할 수 있습니다.

게임 요소를 활용하는 경우는 점수판, 상품, 스티커 등도 준비해야 합니다. 이러한 도구들은 학습자들의 동기를 높이고 경쟁을 통한 학습 효과를 극대화하는 데 도움이 됩니다.

기타 준비물 : 세심한 배려가 만드는 차이

성공적인 참여형 교육을 위해서는 크고 작은 다양한 준비물들이 필요합니다. 참가자 명단과 출석부는 기본적으로 준비해야 하며 각종 신청서나 평가지도 미리 인쇄해두어야 합니다. 응급처치를 위한 간단한 의료용품도 비치해두면 만약의 상황에 대비할 수 있습니다.

간단한 다과나 음료는 학습자들에게 작은 배려를 보여주면서 분위기를 좋게 만드는 효과가 있습니다. 특히 장시간 교육이나 워크숍에서는 학습자들의 에너지를 유지하는 데 도움이 됩니다. 쓰레기 봉투나 휴지, 물티슈 등 청소 도구들도 미리 준비해두면 교육 환경을 깔끔하게 유지할 수 있습니다.

연장선이나 어댑터 같은 전기 관련 도구들은 예상치 못한 전원 문제를 해결하는 데 유용합니다. 또한 각종 사무용품(스테이플러, 펀치, 클립 등)도 즉석에서 자료를 정리하거나 배포할 때 필요할 수 있습니다.

날씨나 계절을 고려한 준비도 중요합니다. 여름에는 차가운 음료를, 겨울에는 따뜻한 음료나 담요 등을 준비하면 참가자들이 더욱 편안하게 교육에 참여할 수 있습니다.

체크리스트 활용의 중요성

이렇게 많은 준비물을 빠짐없이 준비하기 위해서는 체계적인 체크리스트를 작성하고 활용하는 것이 필수적입니다. 교육 일주일 전, 하루 전, 당일 아침으로 나누어 단계별로 점검하면 실수를 최소화할 수 있습니다. 또한 교육 장소와 참가자 특성에 따라 필요한 준비물이 달라질 수 있으므로, 상황에 맞게 체크리스트를 조정하는 유연성도 필요합니다.

무엇보다 중요한 것은 이 모든 준비물이 학습자들의 적극적인 참여를 유도하고 효과적인 학습을 지원하기 위한 도구라는 점입니다. 준비물 자체가 목적이 되어서는 안 되며, 교육 목표 달성을 위한 수단으로 활용되어야 합니다. 철저한 사전 준비를 통해 교육 당일에는 준비물 걱정 없이 오롯이 학습자들과의 상호작용에 집중할 수 있도록 해야 합니다.

강의 성공을 위한 준비물을 체계적으로 정리했습니다. 이제 이러한 준비를 바탕으로 실제 참여형 교수법의 구체적인 방법론들을 살펴보겠습니다.

4.2 강의 성공을 위한 준비물 A to Z

◆ 참여형 교수법 준비물 체크리스트

No	준비물	담당	비고
1	교재	교육자	강의 진행 3일 전 강의장 도착
2	프리젠테이션 슬라이드	교육자	미리 준비하여 고객사와 사전 점검
3	핸드아웃	교육자	인쇄물 준비, 필요한 경우 복사
4	노트북 및 연결 젠더	교육자	노트북 반입 불가시 사전 점검
5	노트북 연결 케이블	교육자	HDMI & RGB 케이블
6	빔 프로젝트	교육장 담당자	예비 전구 준비
7	프리젠터(레이저 포인터)	교육자	교육자 필수품으로 권장
8	무선마이크 시스템	교육자	교육자 필수품으로 권장
9	인터넷 연결	교육장 담당자	강의실 내 연결 상태 확인, WIFI 번호
10	화이트보드 및 마커	교육장 담당자	여분 마커 준비
11	플립차트	교육장 담당자	그룹 활동 시 필요
12	포스트잇	교육장 담당자	브레인라이팅 활동 시 사용
13	역할 카드	교육자	토론과 활동 촉진
14	신호등 카드	교육자	이해도 확인 및 피드백 제공
15	영상 스토리 만들기 도구	교육자	창의적 표현 활동 도구
16	명찰	교육장 담당자	학습자 이름 확인 용이
17	간식 및 음료	교육장 담당자	휴식 시간에 제공
18	물티슈 및 손소독제	교육장 담당자	청결 유지
19	조명 및 환기상태	교육장 담당자	쾌적한 학습 환경 유지
20	의자 및 테이블 배치	교육장 담당자	상호작용이 원활하도록 배치
21	전기장비 안전상태	교육장 담당자	안전 점검 및 설치
22	비상구 및 소화기 위치	교육장 담당자	사전안내 및 점검
23	장비 예비품 준비	교육장 담당자	예비 마커, 배터리 등 예비품 준비
24	가위	교육장 담당자	커버가 있는 안전가위 권장
25	딱풀	교육장 담당자	그룹 활동 시 필요
26	스카치테이프	교육장 담당자	그룹 활동 시 필요
27	돗트 스티커	교육장 담당자	그룹 활동 시 필요
28	아이스브레이킹 도구	교육자	강의 분위기 전환과 개인적 어색함 해소

※ 해당 과정에 필요한 준비물이 누락되지 않도록 준비에 대하여 교육자와 교육 담당자 간 역할을 분담합니다.

제4장 참여형 교수법 준비하기

◈ 참여형 교수법 도구 사례

제5장

참여형 교수법 방법론

제5장 참여형 교수법 방법론

　아직도 많은 안전보건교육 현장에서는 교육자가 일방적으로 지식을 전달하고 학습자들은 수동적으로 내용을 받아들이기만 하는 방식이 주를 이루고 있습니다. 그러나 오랜 기간 현업에서 축적된 액션러닝, 퍼실리테이션, 참여형 수업 기법을 살펴보면, 학습자들이 능동적으로 참여하는 교육 방식이 훨씬 높은 학습 효과와 동기부여를 유도한다는 점이 확인되었습니다. 이러한 점을 토대로 정립된 "참여형 교수법 실무 지침"은 실무 현장에서 검증된 기법들을 체계화하여 교육자들이 보다 자신 있게 적용할 수 있도록 돕는 것을 목표로 합니다.

　이 책에서는 **이론적인 설명만을 제시하는 데 그치지 않고 실제 안전보건 강의 현장에서 활용된 사례와 그 효과성을 함께 다룹니다**. 예를 들어, 교육자가 문제 상황을 제시하고 학습자들이 자신의 경험을 바탕으로 해결책을 고민하고 발표하도록 유도하는 과정을 단계별로 안내합니다. 이를 통해 학습자들은 스스로 사고하고 의견을 제시하는 과정에서 자연스럽게 학습에 몰입하며 안전보건 지식이 추상적인 이론이 아닌 '현실적인 적용 방안'으로 인식되도록 돕습니다.

　또한 학습자들의 학습 동기와 관심을 유지하기 위한 다양한 교수설계 기법도 소개됩니다. 시각 자료와 실습 활동을 적절히 배치하여 지루함을 줄이고, 그룹별 토의나 과제 해결 과정을 통해 협업 능력을 키울 수 있도록 설계하며, 교육자의 역할을 '지식 전달자'에서 '학습 촉진자'로 전환하는 퍼실리테이션 전략을 함께 제안합니다. 이 모든 전략은 학습자들이 '내가 중심이 되는 학습'을 경험할 수 있도록 돕고, 보다 깊이 있는 성찰과 참여를 이끌어냅니다.

　특히 5.1에서 소개되는 **"얼음을 깨는 기술 아이스브레이킹"** 은 강의 시작이나 중간에 활용하기 좋아 긴장감을 줄이고 학습 분위기를 유연하게 만들며 학습자 간 친밀도를 높이는 데 효과적입니다. 또한 **"5.2 참여형 교수법 실천 가이드"** 에서는 구체적인 단계별 실천 요령과 사례를 제시하므로 교육자가 현장에서 손쉽게 응용하여 사용할 수 있습니다. 마지막으로 **"5.3 강의 효과성 평가"** 파트에서는 교육 효과성을 객관적으로 판단할 수 있는 다양한 평가 기법을 알려줌으로써, 강의 과정에서의 피드백뿐만 아니라 강의 후 개선점을 찾는 데도 도움을 줍니다.

　결과적으로, 이 책에 담긴 참여형 교수법은 안전보건교육의 목표 달성을 돕는데 효과적일 뿐 아니라 학습자들의 몰입도와 만족도를 높이는 데 기여합니다. 교육자는 단순히 이론을 전달하는 역할을 넘어 학습자들의 사고와 경험을 이끌어내는 '동반자' 역할을 수행하게 되며 학습자들은 스스로 안전보건 지식을 체득하고 실천 의지를 강화하게 됩니다. 이는 곧 조직의 안전문화를 한 단계 발전시키는 토대가 될 것입니다.

5.1 얼음을 깨는 기술 아이스브레이킹

　　아이스브레이킹은 참여형 교수법에서 학습자들의 경직된 분위기를 풀어주고 서로를 빠르게 친숙해지도록 도와주는 중요한 도구입니다. 교육자는 아이스브레이킹 활동을 통해 학습자들이 갖고 있는 긴장감과 낯선 감정을 완화하고 수업에 대한 흥미를 자연스럽게 이끌어낼 수 있습니다. 또한 초반의 어색함을 줄여줌으로써 학습자들이 서로의 생각을 편안하게 나누고 적극적으로 수업에 참여할 수 있도록 하는 밑바탕을 마련해 줍니다.

　　학습자의 입장에서는 아이스브레이킹을 통해 다른 사람과의 첫인상에 대한 부담을 덜고 수업에서 요구되는 팀별 활동이나 토론 과정에 좀 더 자신 있게 참여할 수 있게 됩니다. 교육자의 입장에서는 초기 교류를 통해 학습자들의 성향, 경험, 관심사를 미리 파악함으로써 이후 진행할 활동을 보다 효과적으로 설계하고 조정할 수 있게 됩니다.

　　결과적으로 아이스브레이킹은 수업 전반에 긍정적인 분위기를 형성하고 학습자들의 호기심과 동기를 높여 '함께 만들어가는 수업'을 실현하는 데 큰 역할을 하게 됩니다.

5.1.1 미소훈련법으로 만드는 긍정적 이미지

미소훈련법은 강의나 워크숍의 시작에서 학습자 간 어색함을 풀고 긍정적이며 활기찬 분위기를 조성하기 위한 강력한 도구입니다. 미소는 단순한 표정 이상의 힘을 지니고 있습니다. 이는 학습자들 간에 자연스러운 소통을 이끌어내고 신뢰와 친밀감을 빠르게 형성하게 해줍니다.

이 방법은 학습자들이 서로에게 미소를 지으며 따뜻한 첫인상을 주고받을 수 있도록 유도합니다. 이런 과정을 통해 학습공간은 단순히 지식을 전달받는 곳을 넘어 함께 성장하고 소통하는 공간으로 변모합니다. 미소를 나누는 간단한 행위는 학습자들에게 강의에 대한 호감을 심어주고 흥미와 참여 의욕을 높이는 데 중요한 역할을 합니다.

또한, 미소훈련법은 심리적으로도 학습자들에게 긍정적인 에너지를 제공합니다. 미소는 스트레스를 줄이고 감정적 안정감을 주며, 학습에 대한 열린 마음을 만들어 줍니다. 특히, 강의 초반에 이러한 에너지를 주고받는 것은 이후 강의 전개에 있어 참여도를 극대화하는 데 큰 효과를 발휘합니다.

1) 도구

- 미소훈련법 이미지 : 카드 또는 슬라이드로 보여줄 수 있는 이미지
- 웃는 얼굴 동영상 : 미소의 중요성과 효과를 설명할 때 활용할 수 있는 동영상 클립
- 간단한 선물 : 실습 후 밝은 미소로 변화한 학습자에게 전달할 수 있는 선물

2) 소요시간

- 5분

3) 진행 요령

항목	방법
미소의 중요성 소개	• 교육자는 강의 시작 전에 미소의 중요성에 대해 설명합니다. 이를 통해 미소가 어떻게 상호작용에 긍정적인 영향을 미치는지 이해시킵니다. **예** 미소를 지을 때 얼굴 근육의 움직임은 뇌에 긍정적인 신호를 보내어 기분을 좋게 만들 수 있습니다. 심리학 연구에 따르면, 억지로라도 미소를 지으면 실제로 기분이 좋아질 수 있다고 합니다.
미소훈련법 따라하기	• 교육자는 미소훈련법 이미지를 슬라이드나 이미지를 통하여 공유합니다. • 교육자는 여섯 가지 순서를 하나씩 설명하며 학습자들이 함께 따라 하도록 유도합니다. **예** ① 눈을 지그시 감았다 세게 감았다 반복합니다. ② 눈동자를 상하좌우로 움직여봅니다. ③ 눈썹을 위, 아래로 움직여 이마와 눈 근육을 풀어줍니다. ④ 입을 조금 벌린 다음 턱을 좌우로 움직인다. ⑤ 냄새를 맡는 듯한 표정을 만들어 코 주위의 근육을 풀어줍니다. ⑥ 볼 근육을 풀어주기 위해 입 안 가득 공기를 넣은 상태로 역시 좌우상하로 움직여봅니다.
피드백	• 교육자는 학습자들에게 미소훈련법 실시 후 어떤 변화가 생겼는지 동료 학습자와 대화할 수 있도록 유도합니다. • 실제 밝은 모습을 보여주는 학습자를 소개하고 간단한 선물을 전달하면 더 효과적입니다.

4) 주의사항

- **전원 참여 유도** : 모든 학습자가 이 활동에 참여할 수 있도록 유도해야 합니다. 내성적인 학습자들이 소외되지 않도록 배려하며 교육자가 먼저 시범을 보이고 적극적으로 참여를 독려합니다.
- **시간 관리** : 미소훈련법은 5분 이내로 진행하여 학습자들이 지루함을 느끼지 않도록 합니다. 이는 강의 진행에 방해가 되지 않으면서도 효과적인 아이스브레이킹을 할 수 있도록 합니다.
- **편안한 분위기 조성** : 학습자들이 어색함을 느끼지 않도록 모든 활동이 유쾌하고 부담 없이 진행되도록 합니다. 불쾌감을 주는 표현이나 강제적인 행동은 지양합니다.

- **적절한 피드백 제공** : 활동 중 학습자들에게 긍정적인 피드백을 제공하여 자신감을 북돋아 주고 미소의 긍정적 효과를 느낄 수 있도록 합니다.

결론적으로 미소훈련법은 단순한 아이스브레이킹을 넘어 학습자들이 서로에게 긍정적인 영향을 주고받으며 유대감을 강화할 수 있도록 돕는 중요한 교수법입니다. 활기찬 분위기 속에서 만들어지는 미소는 학습의 문을 활짝 열어주는 열쇠와 같습니다.

이를 통해 학습자들은 보다 적극적으로 강의에 참여할 수 있으며 학습의 질이 향상됩니다.

◆ 미소훈련법 사례

5.1.2 칭찬스티커로 긍정적 학습 환경 만들기

칭찬스티커는 강의의 시작 단계에서 학습자들 사이의 어색함을 자연스럽게 해소하고 편안하고 친밀한 분위기를 조성하는 데 중요한 역할을 합니다. 이 활동의 핵심은 학습자들 간에 긍정적인 상호작용을 유도하여 서로에게 좋은 첫인상을 심어주는 것입니다. 특히, 칭찬스티커는 학습자들이 서로의 강점과 장점을 발견하고 이를 칭찬할 수 있는 기회를 제공함으로써 자연스럽게 신뢰를 쌓고 친밀감을 형성하도록 돕습니다.

이러한 아이스브레이킹 활동은 단순히 분위기를 부드럽게 만드는 것을 넘어 학습자들의 강의 참여도를 실질적으로 향상시킵니다. 칭찬을 주고받는 과정에서 학습자들은 자신의 가치가 인정받고 있다는 느낌을 받으며 이는 학습 의욕과 몰입도를 높이는 데 긍정적인 영향을 미칩니다. 또한, 칭찬스티커 활동은 학습자 간의 소통을 활성화하고, 협력적 학습 환경을 조성하여 강의 전반에 걸쳐 긍정적인 학습 경험을 제공합니다.

1) 도구

- 칭찬스티커 : 긍정적인 메시지가 담긴 스티커를 준비합니다. 예 : "유머있어 보여요", "열정적이신 분 같아요", "첫인상이 좋아요"
- 명함 : 학습자들 간의 명함 교환을 통하여 자연스럽게 자신을 소개할 때 사용합니다.

2) 소요 시간

- 5분

3) 진행 요령

항목	방법
칭찬 스티커 배포	• 교육자는 긍정적인 메시지가 담긴 칭찬스티커를 모든 학습자에게 한 장씩 배포합니다. • 교육자는 칭찬스티커에 대한 내용을 간단히 설명하고 칭찬 요령과 부착 장소에 대하여 설명합니다.
칭찬스티커 부착 활동 진행	• 교육자는 학습자들에게 모두 자리에서 일어나 학습자들과 칭찬활동을 진행할 수 있도록 유도합니다. • 칭찬스티커 부착 장소 : 상대방이 불편하지 않도록 가슴, 팔, 어깨 등 적당한 곳에 스티커를 부착하며 상대방을 칭찬합니다. 　예 "처음 인사할 때 웃는 모습이 너무 좋았어요!"라며 '첫 인상이 좋아요' 스티커를 부착합니다. • 참여 유도 : 최소 10명 이상 칭찬할 수 있도록 독려하고 앉아 있는 학습생이 있다면 함께 참여해 줄 것을 요청합니다. • 명함 교환 : 처음 만나는 학습자가 있다면 명함을 교환할 수 있습니다.
결과공유 및 마무리	• 칭찬 스티커 공유 : 칭찬스티커 부착 활동이 끝난 후, 각 학습자들에게 자신이 받은 칭찬스티커를 한두 명 간단히 느낌을 소개할 수 있도록 유도합니다. 　예 "저는 10개의 스티커를 받았는데, 다섯 명이 첫인상을 칭찬해주셔서 너무 기분이 좋았습니다." • 특이점 공유 : 교육자는 특별히 스티커의 종류가 동일한 학습자가 있다면 상대방의 동의를 얻고 학습자들에게 소개할 수 있습니다.

4) 주의사항

- **참여 유도** : 교육자는 모든 학습자가 적극적으로 참여할 수 있도록 유도해야 합니다. 특히, 어색해하거나 머뭇거리는 학습자에게 먼저 다가가 교육자가 칭찬하는 것도 방법입니다.
- **시간 관리** : 활동은 5분 내외로 진행하며, 강의 진행에 지장이 없도록 해야 합니다.
- **긍정적인 분위기 조성** : 스티커 내용과 상대방에게 부착 시 불쾌감을 주지 않도록 주의해야 합니다. 모든 칭찬은 진심 어린 긍정적 메시지를 전달하는 것이 중요합니다.

칭찬스티커는 강의 시작 시 학습자 간의 심리적 장벽을 허물고 친밀한 분위기를 조성하는 효과적인 도구입니다. 학습자들은 서로를 칭찬하며 인정받는 경험을 통해 강의에 대한 심리적 안정감과 자신감을 얻게 되고, 이는 활발한 강의 참여로 이어집니다.

칭찬스티커 활동은 학습자 간 존중과 협력 문화를 형성하며 이후 그룹 활동이나 토론에서도 긍정적인 영향을 미칩니다. 교육자는 이를 통해 학습자들의 강점을 파악하고 강의를 더욱 효과적으로 이끌 수 있습니다.

◆ 칭찬스티커 사례

5.1.3 주먹 쌓기로 긴장 완화와 친밀감 형성

주먹 쌓기 활동은 학습자들 사이에 어색함을 줄이고 자연스럽게 친밀감을 형성하기 위한 훌륭한 도구입니다. 이 활동은 단순히 분위기를 풀어주는 데 그치지 않고 학습자들이 강의 환경에 보다 빠르게 적응하도록 도와줍니다. 또한, 학습자들이 이 과정에서 서로 소통하고 협력의 가치를 직접 체험할 수 있도록 설계되어 있습니다.

이러한 경험은 이후 학습 과정에서 보다 적극적인 참여를 이끌어내며 학습자들 간의 신뢰와 유대를 강화하는 데 중요한 역할을 합니다. 특히, 주먹 쌓기 활동은 단순한 동작을 통해 학습자들 간의 상호작용을 촉진함으로써 강의의 전반적인 분위기를 활기차고 긍정적으로 변화시킵니다. 이를 통해 학습자들은 팀워크와 커뮤니케이션의 중요성을 자연스럽게 깨닫게 되고 이러한 깨달음은 학습에 대한 몰입도를 더욱 높이는 효과를 가져옵니다.

활동의 간결함과 재미 요소는 모든 학습자가 부담 없이 참여할 수 있게 하며, 교육자가 준비한 강의의 목표와 맥락에 맞춰 학습자들의 참여 의지를 고취시키는 데 있어 매우 효과적인 전략이 됩니다.

1) 도구

- 별도 도구가 필요하지 않으며 팀 구성원 간의 협동만으로 진행할 수 있습니다.

2) 소요 시간

- 5분

3) 진행 요령

항목	방법
팀 구성	• 학습자들을 두 명씩 짝지어 팀을 만들고 서로 간에 인사를 나누도록 합니다. • 만약 학습자 중 한 명이 남을 때는 보조 교육자 또는 교육자가 함께 할 수 있습니다.
규칙 설명	• 학습자는 두 명씩 서로 마주 보며 앉아 주먹을 번갈아 쌓습니다. • 규칙1 : 올리고 – 맨 아래 주먹을 맨 위로 올립니다. 　　　　　내리고 – 맨 위에 주먹을 맨 아래로 내립니다. 　　　　　꽝 – 맨 아래 주먹을 맨 위로 올리면서 세게 내리칩니다. • 규칙2 : 꽝이라는 구령에서 상대가 주먹을 내리칠 때 내 주먹을 뺄 수 있습니다. 결과적으로 상대는 자신의 손을 내리치게 됩니다. • 규칙변경 : '올리고'는 박수 한 번, '내리고'는 박수 두 번으로 변경하면 긴장감을 높일 수 있습니다.
활동 진행	• 처음에는 규칙을 익히기 위해 천천히 진행합니다. 슬로우 슬로우~ • 학습자가 충분히 이해되었다면, 올리고, 내리고, 꽝 또는 박수와 함께 활동을 진행합니다.
승자 결정	• 기준1 : 상대방이 주먹을 내리칠 때 위 주먹을 빠르게 뺀 사람 • 기준2 : 상대방이 주먹을 빼기 전에 상대의 주먹을 친 사람 • 교육자는 승자를 위해 박수를 칠 것을 유도합니다. • 만약 분위기를 고려하여 승자들끼리 재경기를 진행하여 최종 우승자를 만들 수도 있습니다.

4) 주의사항

- **주의 깊은 진행** : 주먹을 심하게 내려치지 않도록 주의해야 하며, 서로간 감정으로 이어지지 않도록 가볍게 진행해야 합니다.
- **연습 시간 제공** : 활동을 시작하기 전에 한두 번 연습할 시간을 제공합니다.
- **명확한 규칙 설명** : 승리 조건과 활동 규칙을 명확하게 설명하여 혼란을 방지합니다.
- **참여 유도** : 모든 학습자가 활동에 함께 참여할 수 있도록 적극적으로 유도합니다.

주먹 쌓기 활동은 단순함에도 불구하고 심리적 안정감, 사회적 유대감, 신체적 활력, 학습적 동기 부여 등 여러 면에서 효과를 발휘하는 훌륭한 도구입니다. 이 활동은 교육자와 학습자 간의 경계를 허물고, 학습자들이 스스로 수업의 주체로 참여할 수 있는 환경을 조성합니다. 특히 팀워크와 협력, 웃음을 기반으로 학습자들 사이에 긍정적인 에너지를 퍼뜨려, 수업을 더욱 활기차고 의미 있게 만드는 데 기여합니다.

◆ 주먹 쌓기 게임 사례

5.1.4 풍선게임으로 팀워크 강화하기

풍선게임은 놀이를 통해 학습자들 간의 상호작용을 유도하여 서로를 이해하고 배려하는 기회를 제공합니다. 게임에서 요구되는 협력은 학습자들로 하여금 단순한 참여를 넘어 공동체 의식을 느끼게 하고, 서로의 역할과 기여를 인정하며 팀 내에서 자신감을 가질 수 있도록 만듭니다. 또한, 이러한 활동은 학습자들 사이의 긴장을 완화하고, 이후 강의나 토론에서 보다 적극적으로 의견을 나눌 수 있는 심리적 안전감을 제공합니다.

이 게임은 학습자들에게 협력과 조율의 중요성을 직접 경험하게 합니다. 학습자들은 제한된 시간 안에 풍선을 떨어뜨리지 않고 목표를 이루기 위해 팀원들과 긴밀히 소통하고 전략적으로 협력해야 합니다. 이를 통해 자연스럽게 문제 해결 능력을 키우고, 학습 상황에서의 협동적 태도를 강화할 수 있습니다.

풍선게임의 가장 큰 장점은 학습자들이 놀이를 통해 강의에 대한 긍정적 태도를 갖게 하고, 활기찬 에너지로 강의에 몰입할 준비를 마치게 한다는 점입니다. 학습 환경이 밝고 유쾌해지면 학습자들은 부담을 덜고 강의에 보다 능동적으로 참여하게 됩니다.

이처럼 풍선게임은 학습자들의 심리적 장벽을 낮추고, 협력과 친밀감을 형성하며, 강의의 전반적인 분위기와 학습 효과를 높이는 데 있어 매우 유용한 도구입니다.

1) 도구
- **풍선** : 개인당 1개씩 이용할 수 있는 색깔이 다른 둥근 풍선을 준비합니다.
- **선물** : 게임 승리 팀을 위한 선물을 준비합니다.

2) 소요 시간
- 10분

3) 진행 요령

항목	방법
풍선준비	• 각 학습자에게 풍선을 하나씩 나눠주고 적당한 크기로 불어 묶도록 합니다. • 만약 풍선 불기가 어려운 사람은 동료가 도움을 주도록 유도합니다.
규칙설명	• 규칙1 : 팀 리더를 가장 먼저 풍선을 튕길 사람으로 결정하고 방향은 시계 방향으로 결정합니다. • 규칙2 : 풍선을 튕길 때는 손이나 머리로만 튕길 수 있습니다. • 규칙3 : 풍선이 책상이나 바닥에 떨어지면 경기는 종료됩니다. **Tip** 규칙 설명 후 전략 수립을 위해 2~3분 정도 시간을 할애할 수 있습니다.
진행 및 탈락	• 교육자는 '첫 번째'라는 구령과 함께 팀 리더가 풍선을 공중으로 튕깁니다. • '두 번째'라는 구령과 함께 시계 방향에 있는 학습자가 풍선을 튕깁니다. • 세 번째, 네 번째, 다섯 번째 동일하게 풍선을 튕깁니다. • 계속해서 풍선을 튕기며 하나라도 바닥에 떨어지는 팀은 활동을 종료합니다.
보상 및 마무리	• 끝까지 남은 한 팀을 선정하여 준비된 선물을 전달하고 학습자들은 승리팀에게 박수를 보내며 활동을 마무리합니다.

4) 주의사항

- **풍선 크기** : 풍선은 적당한 크기로 불도록 하여 게임 중 쉽게 터지지 않도록 합니다.
- **안전관리** : 풍선을 튕길 때 넘어지거나 풍선이 터질 때 놀라지 않도록 사전에 예고합니다.
- **팀 구성** : 필요시 다양한 사람들과 교류할 수 있도록 팀을 고르게 구성합니다.
- **시간 관리** : 게임이 너무 길어지지 않도록 시간제한을 설정하고, 모든 학습자가 게임에 집중할 수 있도록 합니다.

풍선게임은 학습자 간의 상호작용을 자연스럽게 유도하며, 이를 통해 서로를 이해하고 배려하는 경험을 제공합니다. 게임 과정에서 학습자들은 협력을 통해 단순한 참여를 넘어 공동체 의식을 느끼고, 각자의 역할과 기여를 인정받으며 자신감을 얻습니다.

또한, 제한된 시간 안에 목표를 달성하기 위해 팀원들과 긴밀히 소통하고 전략적으로 협

제5장 참여형 교수법 방법론

력하는 과정은 문제 해결 능력과 협동적인 태도를 자연스럽게 강화시킵니다.

풍선게임은 단순히 분위기를 활성화하는 데 그치지 않고 학습자들에게 협력과 조율의 중요성을 직접 체감하게 하며 강의의 전반적인 분위기를 밝고 유쾌하게 만들어 학습에 대한 긍정적 태도와 몰입을 유도합니다. 이러한 점에서 풍선게임은 학습자들의 심리적 장벽을 낮추고, 협력과 친밀감을 형성하며, 강의의 학습 효과를 극대화하는 데 있어 매우 유용한 교수법 도구입니다.

◆ 풍선 게임 사례

5.2 참여형 교수법 실천 가이드

　참여형 교수법 실천 가이드는 학습자가 능동적으로 학습 과정에 참여하도록 돕는 30가지 방법론을 제시하며 이를 통해 교육자가 교수법을 효과적으로 적용할 수 있도록 구체적인 지침과 사례를 제공합니다. 각 방법론은 학습 목적에 따라 체계적으로 정리되어 있으며 실행 과정에서 필요한 도구와 소요 시간, 진행 요령, 주의사항, 그리고 실제 적용 사례가 포함되어 교육자가 실질적으로 활용할 수 있는 내용으로 구성되어 있습니다.

　이 장에서 제시하는 주요 내용은 다음과 같습니다.
　먼저, 각 방법론은 학습의 목적에 맞게 명확하게 정의되어 있습니다. 학습자가 문제 해결력, 창의적 사고, 팀워크, 또는 학습내용의 이해를 강화할 수 있도록 설계된 방법론들이 각 목적에 따라 분류되어 있습니다. 이를 통해 교육자는 학습 상황과 대상에 적합한 방법을 쉽게 선택할 수 있습니다.
　또한, 실행 중심으로 구성된 진행 요령과 주의사항은 교육자가 교수법을 실행할 때 예상할 수 있는 어려움과 그에 대한 대처 방안을 제시합니다. 이는 교육자가 학습 현장에서 자신감 있게 교수법을 적용하도록 돕는 핵심적인 역할을 합니다. 이와 함께, 모든 방법론에는 구체적인 사례가 포함되어 있어 추상적인 개념이 아니라 실제 상황에서의 적용 가능성을 높이고 학습 환경에 맞춰 변형하여 사용할 수 있도록 합니다.
　특히, 소요 시간과 필요한 도구를 명시하여 학습의 효율성을 높이고 교육자와 학습자의 시간과 자원을 효과적으로 활용할 수 있도록 돕는 실질적인 정보도 포함되어 있습니다.

제5장 참여형 교수법 방법론

이 장을 통해 교육자와 학습자가 얻을 수 있는 기대 효과는 매우 큽니다. 교육자는 자신이 직면한 상황에 가장 적합한 참여형 교수법을 손쉽게 선택할 수 있으며 구체적인 실행 방법과 사례를 통해 실제로 수업을 설계하고 진행하는 데 큰 도움을 받을 수 있습니다. 학습자는 각 방법론의 실행 과정에서 적극적으로 참여하며 이를 통해 자신감과 문제 해결 능력을 키우고 실질적인 성장을 경험하게 됩니다.

결과적으로, 이 장에서는 교육자와 학습자가 함께 소통하고 협력하며 학습의 질을 높일 수 있는 강력한 도구로 사용될 것입니다. 교육자는 이 장의 내용을 바탕으로 학습자를 중심에 둔 교육을 설계하고 학습자는 보다 깊이 있는 배움을 경험하며 자신의 역량을 확장해 나갈 것입니다.

5.2.1 비상시 대비 및 대응

강의 중 예상치 못한 위기 상황이 발생했을 때 학습자와 교육자의 안전을 보장하고 학습 환경의 안정성을 유지하며 학습 과정이 지속될 수 있도록 해야 합니다. 예를 들어, 화재 경보가 울리거나 자연재해로 인해 강의 공간이 갑작스럽게 사용 불가능해지는 상황이 발생할 수 있습니다. 이러한 경우, 비상 상황에 대한 철저한 대비와 신속한 대응은 단순히 안전을 보장하는 차원을 넘어 학습자들이 불안감을 느끼지 않고 학습에 지속적으로 참여할 수 있도록 돕는 중요한 역할을 합니다.

비상 대비는 학습자와 교육자가 **위기 상황에서도 신속하고 안전하게 행동할 수 있도록 미리 대피 절차와 비상 연락 체계를 준비**하는 것을 포함합니다. 또한, 대체 학습공간 마련이나 디지털 학습 도구 활용 등 상황에 따른 대안을 준비하는 것은 학습 환경의 연속성을 유지하는 데 필수적입니다. 더불어, 비상 상황 발생 시 교육자의 차분한 대처와 명확한 안내는 학습자에게 심리적 안정감을 제공하고 혼란을 최소화할 수 있는 중요한 요소로 작용합니다.

결국 비상시 대비 및 대응은 학습자의 신뢰를 강화하고, 강의가 중단 없이 목표를 달성할 수 있도록 하기 위해 반드시 필요합니다. 이는 단순히 위기 상황에 대처하기 위한 계획이 아니라 참여형 교수법의 핵심인 학습자 중심의 안전하고 안정적인 학습 환경을 보장하는 기본적인 전제 조건이라 할 수 있습니다.

1) 도구

- 강의장 평면도 : 학습자 관점에서 이해할 수 있도록 강의장 평면도를 준비합니다.
- 비상대피도 : 학습자 관점에서 현 위치, 소화기, 대피로, 계단 등을 알 수 있도록 비상대피도를 준비합니다.
- 비상행동 요령 또는 시청각 자료 : 강의 시작 전 학습자에게 전달할 지침 또는 영상자료를 준비합니다.

2) 소요 시간

- 3분

3) 진행 요령

항목	방법
강의장 평면도 안내	• 학습자 관점에서 쉽게 볼 수 있도록 해당 건물(층)의 평면도를 소개합니다.
비상 대피도 소개	• 강의장에 설치된 비상구 표지판을 가리키며 비상시 대피 경로를 소개합니다. **예** 구조 손수건, 소화기, 소화전, 대피로, 비상계단 등 • 여러 개의 비상구가 있을 경우, 가까운 비상구와 대체 경로를 안내합니다. • 추가적으로 비상행동 요령 또는 시청각 자료를 활용할 수 있습니다.
실제 경로 소개	• 학습자들이 직접 대피로를 확인할 수 있도록 간단한 대피로 투어를 진행합니다. 이는 대피로에 대한 이해를 높이는 데 매우 효과적입니다.

4) 주의사항

- **장애물 여부 확인** : 대피 경로에 장애물이 없는지 미리 점검하고, 비상구가 항상 열려 있거나 쉽게 열 수 있도록 상태를 확인합니다.
- **대체 경로 마련** : 주 비상구가 막힌 경우를 대비해 대체 비상구와 대피 경로도 함께 설명합니다.
- **비상 상황 연습** : 대피 시 행동 요령을 구체적으로 설명하고 가능하다면 짧은 대피 훈련을 진행해 실제 상황에 대비합니다.

강의 시작 전 비상대피로에 대한 소개를 실시하면 안전의식 고취와 긴급 상황 대처 능력 향상이라는 중요한 효과를 얻을 수 있습니다. 학습자들은 강의 장소의 비상대피 경로와 안전 장비의 위치를 명확히 인지하게 되어, 실제 비상 상황 발생 시 당황하지 않고 신속하게 행동할 수 있습니다. 이는 학습자들의 신체적 안전을 보장할 뿐 아니라 심리적 안정감을 제공하여 강의 집중도를 높이는 데도 기여합니다. 또한 교육자가 안전에 대한 책임감을 보임으로써 학습자들에게 신뢰감을 형성하고, 강의 환경을 더욱 안전하고 전문적으로 만들 수 있습니다.

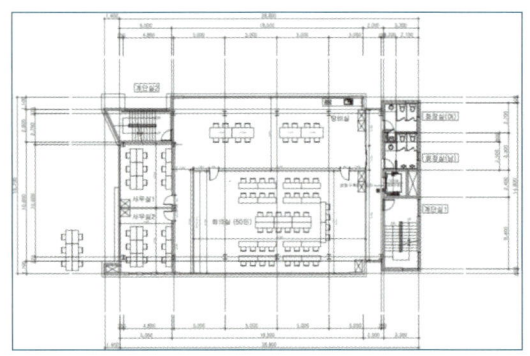 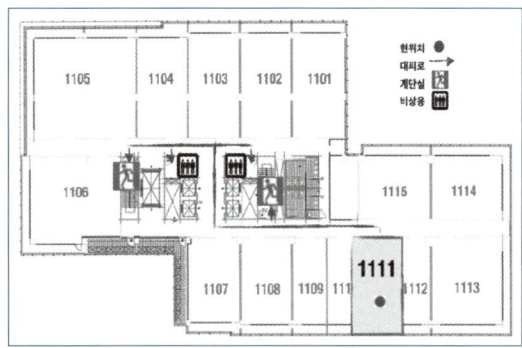

◆ 강의장 비상대피도 사례

5.2.2 우리 팀 아이덴티티

학습자들이 그룹 또는 팀 단위로 협력하여 문제를 해결하거나 과제를 수행하는 경우가 많습니다. 하지만 이 과정에서 각 팀이 명확한 정체성이나 방향성을 갖지 못하면 팀원들 간의 역할 혼란, 의사소통 문제, 목표 미달성 등의 상황이 발생할 수 있습니다. 이러한 문제는 팀워크와 학습 성과를 저해할 뿐만 아니라, 학습자들이 학습 과정에 몰입하는 데도 부정적인 영향을 미칩니다.

이러한 상황을 해결하기 위해 "우리 팀 아이덴티티"는 필수적입니다. 우리 팀 아이덴티티는 팀의 목적, 가치를 정의하고, 이를 바탕으로 팀원들 간의 공감대를 형성하는 데 중점을 둡니다. 구체적으로, 팀의 목표를 명확히 설정하고 이를 달성하기 위한 각자의 역할을 분담함으로써, 팀원 모두가 동일한 방향으로 나아갈 수 있도록 돕습니다. 또한 팀의 가치와 규칙을 정리함으로써, 팀원들 간의 협업을 촉진하고 불필요한 갈등을 최소화할 수 있습니다.

우리 팀 아이덴티티는 팀의 목표를 명확히 하고 팀원들 간의 협업을 촉진하며 학습 활동을 효과적으로 수행하기 위해 필수적인 도구입니다. 이를 통해 학습자들은 자신들이 속한 팀의 정체성을 인식하고 협력적이고 능동적인 학습 환경을 조성할 수 있습니다.

1) 도구

- **플립차트와 마커** : 아이덴티티를 작성하고 게시할 때 사용합니다.
- **포스트잇** : 팀원이 자신의 의견을 적어 팀 내에서 소통할 때 활용합니다.
- **스티커와 장식용품** : 팀 아이덴티티을 꾸밀 때 사용합니다.
- **이젤 또는 벽면 부착용 도구** : 완성된 팀 아이덴티티를 눈에 잘 띄는 곳에 게시할 때 사용합니다.

2) 소요 시간

- 20분

3) 진행 요령

항목	방법
팀 구성	• 학습자들을 소규모 팀(5~6명)으로 나누고, 준비된 도구를 제공합니다.
팀 명칭과 역할	• 팀명은 강의 주제와 연관되거나 팀의 성격을 반영할 수 있는 재미있고 창의적인 이름을 선택하도록 유도합니다. • 성명과 각자의 역할을 기재할 수 있습니다.
그라운드 룰 설정	• 팀 활동 중 강의장 내에서 지켜야 할 규칙(그라운드 룰)을 설정합니다. 예) "먼저 인사하기", "발언 시 손을 든다", "타인의 의견을 존중한다", "정해진 시간을 준수한다" 등
아이덴티티 제작 및 발표	• 팀명과 그라운드 룰을 플립차트에 기록하고, 스티커와 장식용품을 사용하여 완성합니다. • 팀 아이덴티티는 팀의 창의성을 발휘할 수 있는 도구로, 팀원들 간의 결속력을 높이는 기회를 제공합니다. • 발표는 다른 팀과의 상호작용을 통해 아이디어를 공유하고, 학습자들 간의 관계를 형성하는 데 도움을 줍니다.
게시	강의실 내 눈에 잘 띄는 곳에 게시합니다. 이는 팀의 정체성을 지속적으로 상기시키고, 학습자들이 활동에 참여하는 동안 팀의 규칙을 준수하도록 하는 역할을 합니다.

4) 주의사항

- **모든 의견 존중하기** : 일부 팀원이 주도권을 잡아 결정하지 않도록 주의하며 모든 학습자가 적극적으로 참여할 수 있는 분위기를 조성합니다.
- **적절하고 긍정적인 명칭 선택** : 팀명은 강의 주제와 관련이 있고 긍정적이며 창의적인 이름을 선택하도록 유도하며, 비속어나 부적절한 표현은 피해야 합니다.
- **실천 가능한 그라운드룰** : 규칙이 모호하거나 비현실적이면 실천하기 어려워질 수 있으므로 가능한 쉽게 실천할 수 있는 것으로 설정합니다.

- **유연성과 수정 가능성 유지** : 그라운드 룰은 필요에 따라 수정할 수 있도록 유연성을 갖추는 것이 좋습니다.

팀 아이덴티티는 팀원 간의 소속감과 책임감을 강화하고 협업의 효율성을 높이는 효과를 얻을 수 있습니다. 팀명은 팀원들에게 정체성과 공동 목표를 부여하며 그라운드 룰은 갈등을 예방하고 원활한 의사소통을 가능하게 합니다. 역할 분담은 개인의 강점을 극대화하고 작업의 중복을 방지하며, 명확한 책임 영역을 통해 업무 수행 속도를 높입니다. 이러한 사전 결정은 팀의 방향성을 명확히 하고 팀원들이 목표 달성을 위해 자발적으로 참여하도록 유도해 긍정적인 협력 문화를 형성합니다.

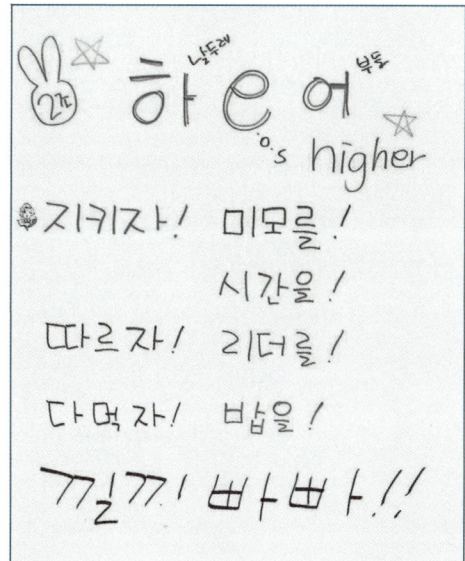 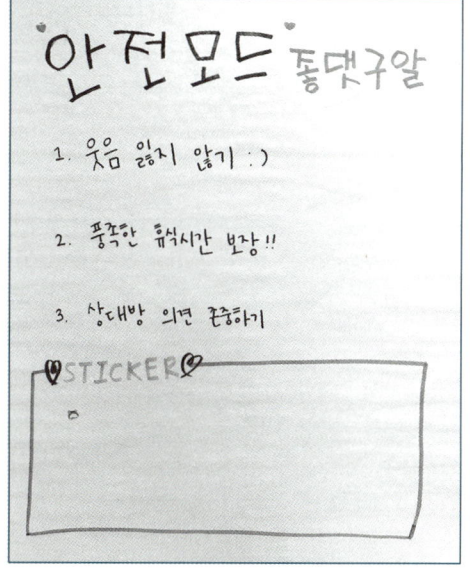

◆ 팀 아이덴티티 사례

5.2.3 강의장을 하나로 만드는 그라운드 룰(Ground Rules)

"그라운드 룰"은 학습자들이 학습 과정에 능동적으로 참여하고 서로 존중하며, 효과적인 학습 환경을 조성하기 위해 필요한 기본 규칙입니다. 이러한 룰은 특히 참여형 교수법을 활용하는 환경에서 그 중요성이 두드러집니다. 참여형 교수법은 학습자들이 적극적으로 의견을 표현하고 활동에 참여해야 효과를 발휘하기 때문에 학습자들이 심리적 안정감을 느끼고 서로 간의 신뢰를 형성할 수 있는 환경을 조성하는 것이 필수적입니다. 학습자가 의견을 자유롭게 말할 수 없거나 자신의 생각이 비난받을 수 있다는 두려움을 느낀다면 학습의 질이 저하될 가능성이 큽니다. 또한, 다양한 배경과 경험을 가진 학습자들이 모이는 경우, 서로의 차이를 이해하고 존중하며 갈등을 예방하는 역할을 하기 위해 그라운드 룰이 필요합니다.

뿐만 아니라, 학습 활동 중 시간 관리와 발언 순서를 효과적으로 조율하거나 특정 학습 활동에서 발생할 수 있는 불필요한 방해 요소를 줄이기 위해서도 그라운드 룰이 요구됩니다. 예를 들어, 토론 활동에서는 한 사람이 발언을 독점하지 않도록 규칙을 정하고 다른 학습자의 의견을 경청하는 분위기를 형성하는 것이 중요합니다. 또한, 학습 도중의 산만함을 줄이고 명확한 목표를 향해 학습자들이 집중할 수 있도록 환경을 정리하는 데에도 기여합니다. 학습자들은 이러한 룰을 통해 자신의 역할과 책임을 인지하며 그룹 활동에서의 협력을 증진하고, 전체 학습 과정에서의 몰입도를 높일 수 있습니다.

1) 도구

- 플립차트와 마커 : 그라운드 룰을 작성하고 게시할 때 사용합니다.
- 포스트잇 : 학습자들이 자신의 의견을 적어 그라운드 룰에 추가하거나 수정할 수 있도록 합니다.
- 스티커와 장식용품 : 그라운드 룰을 꾸밀 때 스티커, 색종이, 리본 등을 사용할 수 있습니다.

2) 소요 시간

- 10분

3) 진행 요령

항목	방법
규칙 설명	• 교육자는 그라운드 룰에 대한 개념을 설명합니다. 　**예** 축구 경기에서 서로 간에 페어 플레이를 하기 위해서는 어떤 룰이 필요한가요? • 학습자들은 다음과 같이 답변할 수 있습니다. 　**예** ① 전반, 후반 각각 45분 경기를 진행해야 합니다. 　　② 각 팀은 11명씩 구성됩니다. 　　③ 플레이 중에는 손으로 공을 터치할 수 없습니다. 　　④ 상대방 선수가 볼을 다툴 때 뒤에서 태클하면 안 됩니다 등 • 교육자는 축구 경기에서 룰이 있는 것과 마찬가지로 우리 강의장에서도 지켜야 할 룰이 "그라운드 룰"이라는 것으로 규칙을 소개합니다.
활동 준비	• 교육자는 플립챠트 또는 전지를 학습자들이 쉽게 볼 수 있는 곳에 부착합니다. • 플립챠트 상단에는 그라운드 룰(Ground Rule)이라고 큰 글씨로 기록합니다.
활동 진행	• 교육자는 지금 이 시간부터 강의 끝날 때까지 우리 강의장에 어떤 룰이 필요한지 학습자들에게 질문합니다. • 학습자로부터 그라운드 룰에 대한 의견을 듣고 전체 학습자에게 그라운드 룰로 적합한지(동의할 수 있는지) 의견을 묻습니다. • 결정된 그라운드 룰은 교육자가 전지에 하나씩 작성합니다.
피드백 및 마무리	• 교육자는 5~6가지 정도의 그라운드 룰이 결정되면 학습자들에게 우리가 만든 그라운드 룰을 끝까지 잘 지켜달라고 당부합니다. • 완성된 그라운드 룰은 학습자가 쉽게 볼 수 있는 곳에 게시합니다.

4) 주의사항

- **학습자 의견 반영** : 그라운드 룰 설정 과정에서 학습자들의 의견을 충분히 반영하여 규칙이 강요된다고 느끼지 않도록 해야 합니다.
- **구체적이고 명확한 표현** : 규칙은 구체적이고 명확하게 작성하여 학습자들이 쉽게 이

해하고 따를 수 있어야 합니다.
- **일관성 유지** : 교육자와 학습자 모두가 그라운드 룰을 일관성 있게 적용하고 예외를 두지 않도록 합니다.
- **유연성** : 학습 상황에 따라 필요한 경우 규칙을 유연하게 수정할 수 있는 여지를 두는 것이 좋습니다. 그러나 큰 변화가 있을 때는 학습자들과 다시 논의하여 동의를 구해야 합니다.

그라운드 룰은 학습 환경에서 학습자 간의 신뢰와 협력을 증진하며 효과적이고 몰입도 높은 학습을 지원하는 데 중요한 역할을 합니다. 명확한 규칙을 설정함으로써 학습자들은 기대되는 행동과 목표를 이해하고, 자기 책임감을 느끼며 적극적으로 참여하게 됩니다. 또한, 상호 존중과 공정한 발언 기회를 보장하여 갈등을 예방하고 긍정적이고 안전한 학습 분위기를 조성합니다.

특히, 그라운드 룰은 참여형 교수법에서 학습자 간의 열린 의사소통과 창의적 아이디어 교류를 촉진해 문제 해결과 협업 능력을 강화합니다. 이는 학습자들이 서로의 의견을 존중하며 학습에 몰입하게 하고 팀워크를 통해 실질적인 학습 성과를 도출할 수 있도록 돕습니다. 결론적으로 그라운드 룰은 교육 과정에서 몰입과 효율성을 극대화하는 핵심 요소로 작용합니다.

◆ 그라운드 룰 사례

5.2.4 팀워크를 강화하는 역할 카드 활용

참여형 교수법에서 학습자들의 적극적인 참여를 이끌어내기 위해서는 역할을 명확히 정의하고 협력적인 팀 활동을 유도하는 것이 핵심입니다. 그러나 역할이 불분명하거나 특정 구성원이 지나치게 주도적이거나 소극적으로 행동하면 팀의 균형이 무너지고 학습 목표 달성이 어려워질 수 있습니다. 학습자들의 참여를 방해하는 이러한 문제는 때때로 팀 내 갈등을 야기하기도 하며, 결과적으로 전체 학습 과정의 질을 저하시킬 수 있습니다.

이러한 문제를 해결하기 위해 교육자는 "역할 카드"를 활용할 수 있습니다.

역할 카드는 학습자들에게 **각자의 역할과 책임을 구체적으로 부여해 팀 내 참여를 촉진하는 도구**입니다. 이 도구는 구성원의 역할을 명확히 정의함으로써 모든 학습자가 균형 있게 참여하도록 하고, 책임감을 부여하여 더욱 적극적인 활동을 유도합니다. 역할이 명확히 정의되면 학습자들은 각자의 역할에 집중하며 자신이 팀에서 차지하는 위치와 기여도를 명확히 인식할 수 있습니다. 또한, 역할 카드는 팀 내 의사소통을 원활하게 만들어 협력을 강화하고 팀 활동의 효율성을 높이는 데 기여합니다. 이를 통해 학습자들은 팀으로서 하나의 목표를 달성하는 과정을 배우며 더 나은 학습 성과를 거둘 수 있습니다.

교육자는 학습 과정의 초기 단계에서 역할 카드를 활용해 학습자들이 자신의 역할을 명확히 이해하도록 돕고, 팀 활동에 적극적으로 참여할 수 있는 기반을 마련해야 합니다. 역할 카드에는 각 구성원의 역할뿐만 아니라 수행해야 할 세부 업무와 기대되는 결과에 대한 정보도 포함되어야 합니다. 이러한 정보는 학습자들이 자신에게 부여된 역할을 완수하는 데 필요한 방향을 제공하며 팀 활동 중 혼란을 줄이는 데도 도움이 됩니다. 또한, 교육자는 역할 수행 과정을 정기적으로 점검하고 필요한 피드백을 제공함으로써 학습자들이 지속적으로 발전할 수 있도록 도와야 합니다.

1) 도구
   - **역할 카드** : 각 역할에 대한 명확한 설명과 책임이 기재된 카드를 준비합니다.

2) 소요 시간

- 10분

3) 진행 요령

항목	방법
역할 소개	• 교육자는 역할 카드에 적힌 역할과 그 역할의 목적과 업무, 그리고 주의사항을 설명합니다. • 각 역할이 시뮬레이션 또는 학습 활동에 어떻게 기여하는지 강조합니다.
자발적 역할 선택	• 학습자들이 스스로 선호하는 역할을 선택하도록 안내합니다. • 선택이 어려운 경우 카드 뽑기 등의 무작위 방식을 활용할 수 있습니다. • 모두가 참여하도록 유도합니다.
역할 수행방법 안내	• 각 역할에서 수행해야 할 주요 활동과 예상되는 도전에 대해 구체적으로 설명합니다. • 필요시 데모(시연)를 통해 역할 수행 방법을 시각적으로 보여줍니다.
역할 교대 제안	• 활동 중간이나 종료 후, 역할을 교대하여 다른 역할의 관점에서 활동을 경험해 보도록 권장합니다. • 새로운 역할을 통해 학습자 간 상호이해를 촉진합니다.

4) 업무지침

구분	업무	도구	주의사항
팀 리더	팀의 활동을 관리하고, 팀원들이 역할을 잘 수행할 수 있도록 지원		권위적인 태도를 피하고, 팀원들의 의견을 존중하며 적극적으로 경청해야 합니다.
레코더	실습이나 토론 중 발생한 주요 내용을 기록하고, 팀의 결정을 문서화	전지, 마커, 파스텔	기록은 명확하고 간결하게 작성하며, 중요한 사항이 누락되지 않도록 주의해야 합니다.
타임 키퍼	각 활동의 시간 배분, 시간 경과 알림, 활동 마감 시간 관리	타이머 또는 타이머 애플리케이션	시간 관리를 엄격히 하되, 필요한 경우 유연하게 대처해야 합니다.

구분	업무	도구	주의사항
클리너	활동 전/후 정리·정돈 및 청결상태 유지	쓰레기봉투, 청소 도구, 물티슈	청소와 정리를 철저히 하되, 팀원들이 스스로 정리하도록 격려합니다.
모티베이터	팀의 사기를 높이고 긍정적인 분위기를 조성	응원 도구	팀원들의 분위기를 파악하고 필요시 적절한 격려와 응원을 제공합니다.
하이라이터	활동 중 중요한 부분에 대한 시각화 활동	스티커 부착, 포스트잇, 파스텔, 마커	스티커를 남용하지 않도록 하고 정말 중요한 정보에만 사용합니다.

5) 주의사항

- **역할 설정의 명확성** : 학습자가 각자의 역할에 몰입할 수 있도록 명확한 지침을 제공해야 합니다.
- **참여자의 준비 상태 점검** : 역할 카드를 활용하기 전에 참여자들에게 역할의 목적과 기대 결과를 충분히 설명하고, 이해도를 확인합니다.
- **적합한 역할 분배** : 역할은 참여자의 능력, 경험, 성격에 맞게 배분해야 합니다. 잘못된 역할 분배는 학습 의욕 저하나 불균형한 참여를 초래할 수 있습니다.
- **활동 환경의 설정** : 역할 수행에 필요한 물리적, 심리적 환경을 적절히 조성해야 합니다. 참여자가 몰입할 수 있도록 실습 도구, 공간, 분위기 등을 지원합니다.
- **활동 중 발생 가능한 갈등 관리** : 역할 수행 중 의견 충돌이나 갈등이 생길 수 있으므로, 이를 조정할 수 있는 중재 기술이 필요합니다.
- **교육 목표와의 일치** : 역할 카드 활용은 교육 목표와 긴밀히 연계되어야 합니다.

역할 카드 활용은 학습자들이 명확한 역할과 책임을 바탕으로 협업 능력을 극대화하도록 돕습니다. 각 구성원에게 구체적인 임무와 기대치를 부여함으로써 팀 내 혼란을 줄이고 개인의 강점을 발휘할 수 있는 환경을 조성합니다. 이를 통해 팀원들은 자신이 팀 전체의 목표에 어떻게 기여할 수 있는지 명확히 이해하고 책임감을 느끼며 적극적으로 참여하게 됩니다. 이러한 과정은 구성원 간의 신뢰를 구축하고, 협력의 원활한 진행을 보장하며 조직적 과업 수행의 효율성을 높이는 데 기여합니다.

또한, 역할 카드는 팀원들이 서로의 기여와 역할을 인식하게 하여 의사소통을 촉진하고 잠재적 갈등을 예방합니다. 이처럼 역할 카드를 활용한 협력 활동은 학습자가 단순히 지식을 습득하는 것을 넘어 실질적인 협력 경험을 통해 학습내용을 행동으로 전환하도록 도와줍니다. 궁극적으로, 팀워크와 협업 능력을 체득한 학습자들은 학습 이후의 실무 환경에서도 효과적으로 협력하며 성과를 창출할 수 있게 됩니다.

◆ 역할카드 사례

5.2.5 생각의 퍼즐 크로스 워드

참여형 교수법에서는 학습자들이 수업에 적극적으로 참여하고 학습내용을 스스로 정리하며 이해하는 것이 중요합니다. 그러나 학습자들이 정보를 수동적으로 받아들이거나 학습한 내용을 제대로 정리하지 못해 핵심 개념을 놓치는 경우가 발생할 수 있습니다. 이러한 상황은 학습 효과를 저하시킬 뿐만 아니라 학습자들의 흥미와 동기를 감소시킬 수 있습니다.

이 문제를 해결하기 위해 "크로스 워드"를 활용할 수 있습니다.

크로스 워드는 학습자들이 학습한 내용을 재미있고 창의적인 방식으로 복습하며 정리할 수 있도록 돕는 도구입니다. 학습자들은 크로스 워드를 통해 강의의 핵심 개념과 용어를 떠올리고 체계적으로 연결하며 학습내용을 강화할 수 있습니다.

크로스 워드의 활용 목적은 학습내용 복습, 학습 동기 유발, 학습내용 강화, 그리고 팀 활동을 통한 협력 촉진에 있습니다. 크로스 워드는 퍼즐이라는 흥미로운 형식을 통해 학습자들의 참여를 유도하며, 학습한 내용을 자연스럽게 반복하고 기억을 강화하도록 도와줍니다. 또한, 팀 활동으로 활용하면 학습자들 간의 협력을 촉진하고 상호작용을 늘릴 수 있습니다.

1) 도구

- 크로스 워드 퍼즐 : 퍼즐이 준비된 PPT 형식의 파일 또는 별도로 크로스 워드 문제지를 핸드오프로 제공합니다.
- 필기도구 : 답을 작성할 수 있는 펜이나 연필을 제공합니다.

2) 소요 시간

- 10분

3) 진행 요령

항목	방법
키워드 결정	• 교육자는 크로스 워드를 적용할 목적을 결정하고 학습자들에게 전달해야 할 키워드(단어)를 결정합니다. 　예) 안전, 사고예방, 교육자역량 등
단어 배열	• 크로스 워드는 키워드가 교차하도록 설계합니다. 따라서 각 단어가 겹치는 글자를 찾습니다. 　예) "교육자역량"의 "자"와 "자율안전"의 "자"가 겹침 • 적절한 배열을 통해 교차 지점을 설정합니다.
그리드 작성	• PPT새 창을 열고 8x8 표를 만들고 해당 단어가 가로, 세로로 겹칠 수 있도록 배치합니다.
힌트 작성	• 각 키워드에 대한 힌트를 작성합니다. 　예) ① 1번 가로 : 위험이 없거나 위험하지 않은 상태 　　② 2번 세로 : 사고가 발생하지 않도록 하거나, 발생 시 피해를 최소화 　　③ 3번 가로 : 강의를 진행하기 위해 갖추어야 하는 지식, 기술, 언어능력 등
디자인 다듬기	• 마지막으로 퍼즐을 깔끔히 정리하고 디자인합니다. • 키워드가 들어갈 부분은 숫자를 부여하고 흰색으로 처리합니다.
활동 진행	• 학습자들에게 퍼즐의 규칙과 완성 방법을 안내합니다. • 학습자들에게 단서 카드를 나누어 주거나 PPT를 통하여 문제를 풀어갑니다. 　Tip 팀 별 핸드아웃으로 크로스 워드를 제공하여 빠른 시간에 정답을 찾는 팀에게 포상하는 것도 좋은 방법입니다. • 모든 학습자가 정답을 확인하고 피드백을 제공합니다.

4) 주의사항

- 단어 난이도 조절 : 학습자의 수준에 맞는 단어를 선택하여 너무 쉬운 단어나 너무 어려운 단어가 포함되지 않도록 주의해야 합니다.
- 단서의 명확성 : 단서는 명확하고 이해하기 쉽게 작성되어야 합니다. 모호한 단서는 학습자들이 혼란을 겪을 수 있습니다.

5.2 참여형 교수법 실천 가이드

- **시간 관리** : 크로스 워드 활동에 적절한 시간을 할당하여 학습자들이 충분한 시간을 가지고 퍼즐을 풀 수 있도록 합니다.
- **참여 독려** : 모든 학습자가 적극적으로 참여할 수 있도록 독려하고 필요한 경우 적절한 시점에서 도움을 제공합니다.
- **다양성 유지** : 한 가지 방식의 단서 제공에만 의존하지 않고 다양한 유형의 단서를 제공하여 학습자들의 흥미를 유도합니다.

크로스 워드는 학습자의 사고력과 기억력을 증진시키는 데 효과적인 도구입니다. 이 활동은 학습자가 문제를 풀기 위해 단어와 개념의 연결을 탐구하도록 유도하며 이를 통해 뇌의 다양한 영역을 활성화합니다. 특히 안전보건교육에서는 학습자가 안전 규칙과 지식을 능동적으로 되새기고 응용할 기회를 제공합니다. 예를 들어, 크로스 워드 퍼즐은 직관적이고 재미있는 방식으로 학습내용을 복습할 수 있는 기회를 제공하며, 학습자의 집중력과 몰입도를 높이는 데 기여합니다. 또한, 팀 활동으로 진행할 경우 협력과 의사소통 능력까지 강화할 수 있습니다. 따라서 크로스 워드는 학습 효과를 극대화하며 실질적인 행동 변화로 이어질 가능성을 높이는 혁신적 학습 도구로 활용될 수 있습니다.

◆ 크로스 워드 사례

5.2.6 뇌를 자극하는 초성 퀴즈

"초성 퀴즈"는 학습자의 호기심과 몰입을 유도하기 위해 설계된 학습 활동으로, 주로 학습 초기 단계나 학습자가 쉽게 집중력을 잃는 상황에서 효과적입니다. 예를 들어, 안전보건교육과 같이 정보 전달이 주가 되는 학습에서는 초성 퀴즈를 통해 학습 분위기를 환기시키고 학습자 간 상호작용을 촉진할 수 있습니다. 이를 통해 학습자는 교육 내용에 대한 선행 지식을 자연스럽게 떠올리고, 학습 주제에 대한 흥미를 느끼며 교육에 더욱 몰입할 수 있습니다.

특히, 초성 퀴즈는 학습 환경이 다소 정적인 경우에 학습자의 참여도를 높이는 데 유용합니다. 예를 들어, 장시간 지속되는 이론 강의나 법정 의무 교육에서 초성 퀴즈는 학습자의 긴장을 풀어주고 주의력을 집중시켜 보다 능동적인 학습 환경을 조성합니다. 또한, 초성 퀴즈는 팀 기반으로 진행할 경우 학습자 간 협력을 유도하고, 이를 통해 학습자들은 서로 다른 관점을 공유하며 학습내용을 심화시킬 수 있습니다.

초성 퀴즈는 학습내용을 복습하거나 새로운 주제를 소개하는 데도 효과적입니다. 예컨대, 초성 퀴즈를 활용해 안전보건과 관련된 용어를 맞히게 함으로써 학습자들이 주제와 관련된 핵심 개념을 자연스럽게 습득하고 활용하도록 돕습니다. 이를 통해 단순한 암기나 정보 전달이 아니라, 학습자가 정보를 능동적으로 연결하고 내재화할 수 있는 계기를 제공합니다.

이처럼 초성 퀴즈는 학습자가 몰입하고 동기부여를 느끼며 학습의 주체로 참여하도록 설계된 참여형 교수법의 한 예로, 특히 학습 환경이 단조롭거나 학습자가 피로감을 느끼는 상황에서 효과를 발휘할 수 있습니다.

1) 도구

- **초성 퀴즈 템플릿** : 미리 준비된 초성 퀴즈 템플릿 또는 별도의 초성 퀴즈 문제지를 핸드오프로 제공합니다.

- **필기도구** : 답을 작성할 수 있는 펜이나 연필을 제공합니다.
- **음성 및 애니메이션 효과** : 학습자의 흥미를 유도하기 위해 애니메이션 효과와 배경 음악을 추가할 수 있습니다.

2) 소요 시간

- 2~3분

3) 진행 요령

항목	방법
키워드 결정	• 교육자는 초성 퀴즈를 적용할 목적을 결정하고 해당 PPT에 학습자들에게 전달해야 할 키워드(단어)를 결정합니다. • 안전문화에 대한 정의를 설명할 때 다음 예와 같이 가치, 태도, 행동을 결정할 수 있습니다. **예** 안전문화란 조직, 사회, 혹은 개인이 안전을 바라보고 실천하는 가치, 태도, 행동의 총체를 의미합니다.
초성만들기	• 교육자는 해당 키워드를 초성(ㄱ ㅊ, ㅌ ㄷ, ㅎ ㄷ)으로 변경합니다. • 당초 결정했던 키워드는 "가치", "태도", "행동"이란 단어를 파워포인트 메뉴 애니메이션 탭에서 "나타나기"로 지정합니다.
디자인 다듬기	• 나타나기 지정은 해당 초성을 클릭했을 때 초성은 사라지고 나타나기 글씨가 출력될 수 있도록 설정합니다.
활동진행	• 교육자는 안전문화에 대한 설명에서 초성에 대하여 질문합니다. • 학습자로부터 가치, 태도, 행동이란 피드백을 받을 때 초성퀴즈 정답을 나타내고 추가적인 설명을 진행합니다. • 학습자는 정답을 교재에 기재하고 의미를 기억합니다.

4) 주의사항

- **정답 노출 방지** : 교재 인쇄 또는 PPT를 통하여 강의를 진행할 때 정답이 노출되지 않도록 주의해야 합니다. 특히, 애니메이션 설정 시 정답이 바로 나타나지 않도록 세심하게 설정해야 합니다.

- **단어 난이도 조절** : 학습자 수준에 맞는 단어를 선택합니다. 너무 어려운 단어는 피하고, 적절한 난이도의 단어를 사용하여 학습자들이 참여하는 데 부담을 느끼지 않도록 합니다.
- **적절한 힌트 제공** : 학습자가 너무 오래 고민하게 되거나 답을 찾지 못할 때, 힌트를 제공하여 참여를 유도합니다. 힌트는 초성의 일부를 풀어주거나 관련된 정보를 제공하는 방식으로 제공할 수 있습니다.

초성 퀴즈는 학습자의 집중력을 높이고 재미를 제공하여 참여도를 증진하는 데 효과적인 도구로 활용됩니다. 이 방법은 초성을 통해 단어나 개념을 추측하며 학습자가 능동적으로 사고하도록 유도합니다. 특히 안전보건교육에서는 이러한 활동이 학습자가 관련 정보를 흥미롭게 기억하고, 반복 학습을 통해 내용을 강화하는 데 유리합니다. 또한, 초성 퀴즈는 학습자들 간의 경쟁과 협력을 촉진하여 팀워크를 강화하고, 학습 분위기를 긍정적으로 바꾸는 역할도 합니다. 이러한 활동은 단순히 정보를 전달하는 것을 넘어, 학습자가 능동적으로 참여하며 자신의 학습 과정을 주도하도록 돕는 참여형 교수법의 한 사례로 자리 잡고 있습니다.

◆ 초성 퀴즈 사례

5.2.7 집중력을 높이는 사지선다형 퀴즈

"사지선다형" 퀴즈는 학습자가 주어진 지식 또는 상황에서 논리적으로 사고하며 올바른 답을 선택하는 능력을 강화하는 학습 환경에서 필요합니다. 이는 학습자가 학습한 내용을 명확히 이해했는지 평가하는 데 효과적입니다. 따라서 대규모 집합 강의나 원격 교육에서 학습자의 참여와 이해도를 동시에 평가하는 도구로 활용될 수 있습니다. 또한, 사지선다형 퀴즈는 디지털 학습 플랫폼에서 자동 채점 시스템과 결합해 실시간 피드백을 제공할 수 있습니다. 이를 통해 학습자는 자신의 강점과 약점을 즉시 인식하고 학습 과정을 보완할 기회를 얻게 됩니다.

이 형식은 안전보건교육과 같이 법적 요구사항을 충족해야 하는 상황에서도 유용합니다. 학습자는 교육의 핵심 개념을 퀴즈 형태로 정리하며 법규나 안전 규정의 주요 내용을 정확히 이해했는지 확인할 수 있습니다. 실제 사례와 관련된 퀴즈를 포함함으로써 학습자는 이론적 지식을 실질적 상황에 연결할 수 있습니다. 또한, 긴장감을 높이고 학습의 동기를 부여하기 위해 경쟁 요소를 추가하거나 팀별 토론 후 정답을 선택하게 하는 참여형 교수법과 결합할 수도 있습니다.

따라서 단순히 평가 도구로 끝나지 않고 학습을 촉진하는 교육적 도구로 활용될 수 있습니다.

1) 도구

- 사지선다형 퀴즈 문제지 : 사전에 준비한 문제지나 핸드아웃을 준비합니다.
- 프레젠테이션 소프트웨어 : 퀴즈를 화면에 표시합니다.
- 참여 인센티브 : 스티커, 간단한 선물 등

2) 소요 시간

- 10분

3) 진행 요령

항목	방법
문제 결정	• 강의 중 핵심이 되는 내용에 대하여 학습자에게 한 번 더 강조할 수 있는 내용으로 문제를 결정합니다. **예** 하인리히는 사고의 원인으로 88%의 (　　)과 10%의 불안전한 상태 그리고 2% 의 피할 수 없는 상황이라고 정의하였습니다. 다음 중 괄호 안에 들어가야 할 단어는 무엇인가요?
답안 결정	• 다음과 같이 사지선다 답안을 만들 수 있습니다. 1. 불안전 행위　2. 불안전한 현실　3. 불성실한 활동　4. 불안전한 행동
정답 유도	• 문제에 대하여 사지선다형 항과 정답을 말씀해주세요? 　참고로 학습자는 (　　)안에 들어가야 할 단어가 불안전한 행동이라고 생각할 것입니다. • 학습자는 손을 들고 1. 불안전한 행동 또는 다른 항(2,3,4)으로 답할 것입니다.
정답	• 만약 학습자가 처음부터 4번 불안전한 행동이라 하더라도 한두 번은 다른 번호 즉 "4번은 불성실한 활동이었습니다."라고 답합니다.
포상	• 마지막으로 정답을 맞힌 학습자에게 간단한 포상을 합니다. 　• 오해 예방 : 물론 학습자를 속인다고 오해할 수 있으나 사지선다 퀴즈의 목적은 정답을 맞히는 것보다는 이 과정에서 정답의 의미를 기억하는 것이 목적이므로 교육자는 정답자에게 포상하는 것도 중요하지만 앞서 답변한 학습자에게도 적절히 포상하는 것도 오해를 방지할 수 있는 방법입니다.

4) 주의사항

- 문제의 난이도 조절 : 학습자의 수준에 맞춘 문제를 준비하여 지나치게 어렵거나 쉬운 문제를 피해야 합니다.
- 기록 및 관리 : 교육자는 모든 문제지와 답지를 준비하고 관리하며 프레젠테이션 도구를 사용할 경우 컴퓨터 설정에 주의하여 정답이 사전에 노출되지 않도록 해야 합니다.
- 학습자 참여 유도 : 학습자가 자유롭게 참여할 수 있는 분위기를 조성하고 퀴즈가 지루해지지 않도록 다양한 형식과 난이도의 문제를 준비합니다.
- 피드백 시간 확보 : 퀴즈 후 반드시 피드백 시간을 확보하여 학습자가 오답을 이해하고 정답을 확인할 수 있는 기회를 제공해야 합니다.

- **오해 예방** : 사지선다 항 숫자를 교육자가 변경하는 것으로 학습자가 오해하지 않도록 이 활동의 목적을 설명해야 합니다.

사지선다 퀴즈는 학습자들에게 흥미로운 경쟁 요소를 제공하면서도 학습 효과를 극대화할 수 있는 도구입니다. 퀴즈를 통해 학습자는 자신의 이해도를 즉각적으로 확인하고 부족한 부분을 보완할 기회를 얻습니다.

퀴즈 형식의 반복적인 활용은 개념을 빠르게 복습하는 데 유리하며 오답을 분석하는 과정에서 논리적 사고력이 향상됩니다. 또한 학습 과정이 게임처럼 진행되면서 학습자가 보다 능동적으로 참여하게 되고 지루함 없이 학습을 지속할 수 있습니다.

5.2.8 의사소통을 시각화하는 신호등 카드

학습자들이 자신의 의견을 명확히 표현하고 교육자와 원활하게 소통하는 것이 중요합니다. 그러나 학습자들이 의사소통 과정에서 자신의 이해도나 의견을 즉각적으로 표현하지 못하는 경우가 발생할 수 있습니다. 이는 교육자가 학습자들의 이해도를 파악하기 어렵게 하며 수업의 효율성을 저하시킬 수 있습니다.

이 문제를 해결하기 위해 "신호등 카드"를 활용할 수 있습니다. 신호등 카드는 학습자들이 자신의 상태나 의견을 색깔로 간단히 표현할 수 있는 도구로, 교육자와 학습자 간 의사소통을 시각적으로 명확하게 만듭니다. 초록색은 "동의한다", 노란색은 "잘 모르겠다", 빨간색은 "다른 의견이 있다"를 나타내어 교육자가 학습자들의 이해도를 즉시 확인할 수 있도록 돕습니다.

신호등 카드는 학습자들의 의견 표현을 간소화하고 소극적인 학습자들도 참여할 수 있는 환경을 조성하며, 교육자가 수업 속도와 난이도를 조정할 수 있도록 지원합니다. 이를 통해 학습자들은 보다 효과적으로 수업에 몰입할 수 있고 교육자는 학습 목표를 효율적으로 달성할 수 있습니다.

1) 도구

- 신호등 카드 세트 : 개인 또는 팀별 신호등 카드를 준비합니다.
  - 빨간색 카드 : "다른 의견이 있다"
  - 노란색 카드 : "잘 모르겠다"
  - 초록색 카드 : "동의한다"

2) 소요 시간

- 10분

3) 진행 요령

항목	방법
신호등 카드 배포	• 교육자는 개인 또는 팀별로 신호등 카드를 한 세트씩 나눠줍니다. • 팀원들은 논의하여 각 질문에 대한 팀의 의견을 카드로 표시합니다.
질문제시	• 교육자는 강의 내용과 관련된 질문이나 주제를 제시합니다. 이 질문은 강의 중 논의할 주요 쟁점이나 결정을 요구할 수 있습니다. 예 시행 중인 중대재해처벌법 대응에 대하여 우리 회사의 대응 방법에 대한 적절성에 대하여 동의하는지 개인 또는 팀별로 신호등 카드를 통하여 제시해 주세요?
의견 표현	• 만약 팀별로 질문을 유도한 경우 팀 내에서 토론할 시간을 주고 팀의 결정을 표현할 수 있도록 유도합니다. • 팀별 질문에 대한 의결을 정한 후에 하나, 둘, 셋의 신호에 맞춰 해당 의견을 카드로 들어 올립니다.
의견정리 및 토론	• 교육자는 각 팀이 든 카드의 색깔에 따라 의견을 파악하고 그에 따른 논의를 진행합니다. • 각 팀이 동일한 의견을 제시한 경우 교육자가 간략하게 결론을 정리하고 다양한 의견이 있을 경우 소수 의견을 대표하는 팀이 의견을 설명토록 유도합니다.

4) 주의사항

- **토론 유도** : 교육자의 질문에 대해 팀별로 토의할 수 있도록 시간을 주고 가능한 한 모든 팀원이 참여할 수 있도록 유도합니다.
- **균형 잡힌 의견 제시** : 한두 사람의 의견에만 의존하지 않고, 팀 전체의 의견이 반영되도록 합니다.
- **카드 사용 방식** : 카드를 높이 들어 다른 팀원들이 쉽게 볼 수 있도록 하고 반드시 하나의 카드를 선택하여 들도록 합니다.
- **명확한 지시** : 교육자는 질문을 명확하게 제시하고 학습자가 혼란스러워하지 않도록 정확한 지시를 제공합니다.

신호등 카드는 학습자들이 자신의 이해도를 즉각적으로 표현할 수 있도록 돕는 간단하지만 효과적인 참여형 교수법 도구입니다. 초록(동의한다), 노랑(잘 모르겠다), 빨강(다른 의견이 있다)으로 구분된 카드를 활용하면 교육자는 학습자들의 상태를 실시간으로 파악하여 수업을 유동적으로 조정할 수 있습니다.

이 방법의 가장 큰 효과는 학습자의 적극적인 참여를 유도한다는 점입니다. 수업 중 이해가 부족한 학습자도 스스로 표현할 기회를 가지며 교육자는 특정 개념에서 어려움을 겪는 학습자를 신속히 파악하여 보완 설명을 제공할 수 있습니다. 또한, 학습자 간 협력과 토론을 촉진하여 학습의 깊이를 더할 수 있습니다.

결과적으로 신호등 카드는 학습자의 학습 경험을 능동적으로 변화시키고 교육자가 즉각적인 피드백을 제공할 수 있도록 하여 학습의 효과를 극대화하는 강력한 도구로 작용합니다.

◆ 신호등 카드 사례

5.2.9 아이디어가 흐르는 시간 브레인라이팅

학습자들이 창의적인 아이디어를 제시하고 적극적으로 참여하는 것이 중요한데 일부 학습자들만 발언하거나 소극적인 학습자들이 자신의 생각을 표현하지 못하는 상황이 발생할 수 있습니다. 이는 다양한 관점을 공유하고 협력적인 학습을 이끄는 데 방해가 됩니다.

이 문제를 해결하기 위해 "브레인라이팅"이 필요합니다.

브레인라이팅은 학습자들이 자신의 아이디어를 포스트잇에 작성하고 이를 공유하며 확장해 나가는 방식으로, 모든 학습자가 동등하게 참여하고 창의적인 사고를 발전시키도록 돕는 방법입니다. 이 도구는 소극적인 학습자의 참여를 유도하고 다양한 관점을 확보하며, 창의적인 사고를 촉진하고 의사소통을 효율적으로 진행하는 데 유용합니다.

브레인라이팅은 학습자들이 자신의 아이디어를 자유롭게 표현하고 발전시키며 협력적으로 문제를 해결할 수 있는 도구입니다. 교육자는 이를 활용해 모든 학습자가 적극적으로 참여하고, 풍부한 학습 경험을 누릴 수 있도록 지원할 수 있습니다.

1) 도구

- **포스트 잇** : 5색 포스트잇을 팀별 한 세트씩 준비합니다.
- **마커** : 아이디어를 포스트잇에 작성할 때 사용합니다.
- **플립차트** : 포스트잇을 붙이고 그룹핑 할 수 있는 공간을 준비합니다.

2) 소요 시간

- 30분

3) 진행 요령

항목	방법
포스트잇 배포	• 교육자는 5색 포스트잇을 팀별로 지급합니다. • 각 학습자는 5색 포스트잇의 한 가지 색을 준비합니다.
활동방법 설명	• 교육자는 브레인라이팅의 목적과 활동방법을 설명하고 활동 주제를 소개합니다.
포스트잇 작성	• 각 학습자는 활동 주제에 따른 본인의 생각이나 떠오르는 단어(아이디어)를 하나씩 포스트잇에 기재합니다. • 이때 교육자는 학습자들에게 가능한 많은 의견이 제시될 수 있도록 유도합니다.
팀 내 그룹핑	• 각 학습자는 본인이 작성한 포스트잇을 설명하고 그룹 내에서 유사한 아이디어끼리 그룹으로 묶습니다.
전체팀 그룹핑	• 교육자는 팀별 그룹핑 된 포스트잇을 한 곳에 지정하여 학습자 전체의 의견으로 그룹핑을 진행합니다. • 유사한 아이디어끼리 그룹으로 묶고, 카테고리별로 분류합니다.
구글 설문	• 교육자는 그룹핑 된 카테고리에 대하여 구글 설문지를 이용하여 5점 척도로 설문을 진행합니다.
개선계획 수립	• 교육자는 설문 결과를 바탕으로 점수가 낮거나 치우침이 심한 항목을 선정하여 팀별 개선계획을 수립할 것을 요청합니다. • 작성된 개선계획을 발표하고 추가적인 토론을 이어갑니다.

4) 주의사항

- 글씨 크기 : 포스트잇에 기록하는 글씨는 멀리서도 식별할 수 있도록 충분히 크게 작성합니다.
- 참여 유도 : 교육자는 모든 학습자가 적극적으로 참여할 수 있도록 독려하며 한두 사람의 의견에 의존하지 않도록 합니다.
- 아이디어 존중 : 모든 아이디어는 존중되며 아이디어의 가치에 대해 평가하거나 비판하지 않도록 유의합니다.
- 시간 관리 : 각 단계에 대한 시간을 엄격히 관리하여 논의가 지체되지 않도록 합니다.

브레인라이팅(Brainwriting)은 학습자들이 자신의 아이디어를 글로 작성하고 공유하며 발전시키는 과정을 통해 창의적인 사고를 촉진하고 협력적 문제 해결을 돕는 방법입니다. 이 기법은 소극적인 학습자들도 자유롭게 참여할 수 있도록 유도하며 다양한 관점을 효과적으로 수집할 수 있는 장점이 있습니다.

또한, 브레인라이팅은 집단 지성을 활용하여 문제를 해결하는 데 매우 효과적이며 학습자들이 서로의 의견을 존중하고 협력하는 경험을 쌓을 수 있도록 돕습니다. 결국, 개별 학습자들의 창의성을 극대화하면서도 학습자 간 의사소통과 협력을 강화하는 장점이 있습니다.

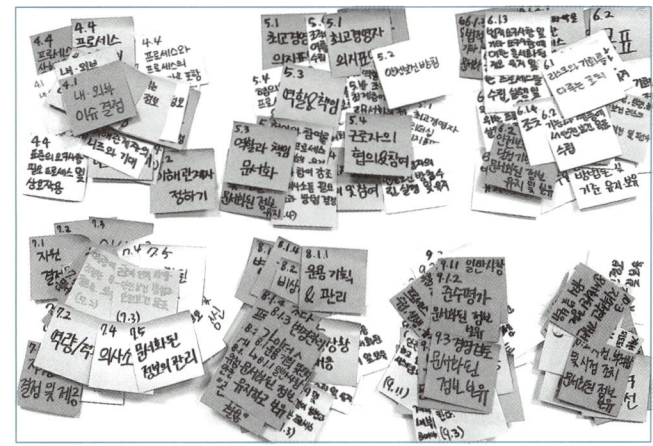

◆ 브레인라이팅 사례

5.2.10 시선을 사로잡는 영상 스토리

"영상 스토리"는 학습자가 단순히 지식을 전달받는 수준을 넘어, 학습 내용을 시각적으로 체험하고 실제와 유사한 상황에 몰입할 수 있도록 돕는 강력한 학습 도구입니다. 특히 시각적 장면과 인물의 감정 표현은 학습자의 공감을 이끌어내어, 안전 문제를 추상적인 규정이나 원칙이 아닌 '나의 문제'로 받아들이게 합니다. 이를 통해 학습자는 단순한 주의 환기가 아닌 실제 행동 변화를 유발할 수 있으며, 학습 동기를 높이는 촉진제로 작용합니다. 또한 영상은 사고의 원인과 결과를 시간의 흐름에 따라 보여주기 때문에 원인-결과 관계를 쉽게 이해할 수 있고, 잘못된 행동과 올바른 대처를 직관적으로 비교할 수 있습니다.

특히 안전보건교육과 같은 실무 기반 학습 환경에서는 실제 작업 현장에서 발생할 수 있는 사고 사례나 위기 상황을 영상으로 제시하면 학습자가 직접 현장을 경험하지 않고도 간접 체험을 할 수 있습니다. 이를 통해 단순히 '이론을 아는 것'에서 그치지 않고, 실제로 '어떻게 예방하고 대응할 것인지'를 체득할 수 있습니다. 나아가 영상 시청 후 토론, 퀴즈, 역할극 등 참여형 학습을 병행하면 학습자는 자신이 본 내용을 비판적으로 분석하고 행동 전략으로 연결할 수 있어 교육 효과가 극대화됩니다.

1) 도구

- 영상 자료 : 유튜브, 무료 영상 사이트 혹은 직접 제작한 영상을 준비합니다.
- 영상 편집 소프트웨어 : 필요한 경우 자막을 추가하거나 영상을 편집할 수 있습니다.

2) 소요 시간

- 15~20분

3) 진행 요령

항목	방법
영상선정	• 교육자는 강의 내용과 교육목표가 일치될 수 있는 영상을 선정합니다.
강의자료 구성	• 교육자는 해당 영상을 충분히 이해하고 영상에서 보여지는 사건과 현재의 사업장 현실을 비교하는 방식으로 영상 스토리를 구성합니다. **Tip** 영상 스토리 구성 시 영화 예고편을 활용한다면 전체 스토리와 함께 학습자들의 관심과 흥미를 쉽게 이끌 수 있습니다.
영상시청 및 메시지 전달	• 강의장 조명을 낮추고 영상을 소개하며, 학습자들이 영상에 집중할 수 있도록 환경을 조성합니다. • 영상을 시청한 후, 해당 영상에서 얻을 수 있는 메시지나 교훈을 명확하게 전달합니다. 이때, 영상이 담고 있는 내용과 교육 목표를 연관 지어 설명하며 학습자들이 실제 상황에서 어떻게 적용할 수 있는지 토론합니다.
학습토론	• 영상시청 후 학습자들과 함께 영상 내용에 대하여 토론을 진행합니다. 영상에서 다룬 사건이나 경험에 대해 각자의 의견을 나누고 안전의식을 강화하기 위한 방법을 함께 논의합니다. 이를 통해 학습자들이 영상에서 얻은 교훈을 자기화할 수 있도록 도울 수 있습니다.

4) 주의사항

- **저작권 준수** : 사용되는 모든 영상 자료에 대해 저작권을 준수해야 합니다. 가능한 해당 영상을 발표한 사이트(유튜브 등)에서 직접 플레이하는 것을 추천합니다.
- **영상 길이 제한** : 영상은 5분을 넘지 않도록 합니다. 긴 영상은 학습자의 집중력을 분산시킬 수 있으므로 짧고 강렬한 메시지를 전달할 수 있는 영상을 준비합니다.
- **사실 기반의 영상 선택** : 가능한 한 사실에 근거한 영상을 준비합니다. 이를 통해 학습자들이 교육 내용을 현실적으로 받아들일 수 있게 하고 이론보다는 실제 사례를 통해 더 깊은 교훈을 얻을 수 있습니다.
- **강의 전 기술 점검** : 강의 시작 전에 프로젝터, 스크린, 오디오 시스템을 점검하여 영상이 원활하게 재생되는지 확인합니다. 특히, 오디오 볼륨과 영상의 해상도를 꼼꼼히 체크하여 학습자들이 영상의 모든 디테일을 놓치지 않도록 합니다.

영상 스토리는 시각적 요소와 감성을 결합해 학습자의 몰입도를 높이고 기억에 오래 남게 하는 효과가 있습니다. 복잡한 개념도 영상 속 이야기와 연결하면 더 쉽게 이해할 수 있고, 자연스럽게 공감할 수 있습니다. 단순한 정보 전달이 아니라 감정을 자극하는 방식으로 접근하면 학습자의 흥미가 높아지고 스스로 참여하려는 동기가 생깁니다. 또한, 사람의 두뇌는 이야기 구조를 쉽게 받아들이고 오래 기억하는 경향이 있어 학습 효과가 더욱 커집니다. 영상을 활용한 스토리는 학습자가 단순히 보는 것에서 그치지 않고 토론하거나 직접 스토리를 만들어보는 등 적극적으로 참여하도록 유도할 수도 있습니다. 이를 통해 학습이 더욱 재미있고 의미 있는 경험으로 이어질 수 있습니다.

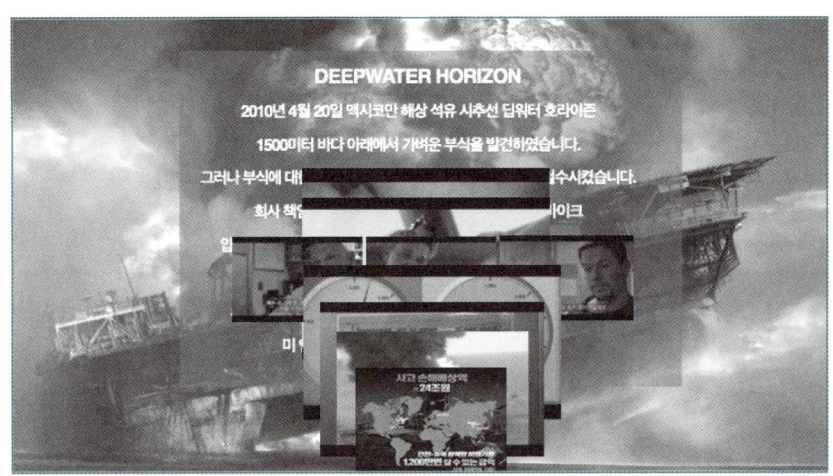

◆ 영상 스토리 사례

5.2.11 이론을 넘어 현장 속으로

학습자들이 학습내용을 실제 상황에 적용하고, 실질적인 문제 해결 능력을 기르는 것이 매우 중요합니다. 그러나 강의실에서 진행되는 이론 중심의 학습만으로는 학습자들이 실질적인 현장 경험을 이해하거나 실제 상황에서 어떻게 행동해야 할지 체감하는 데 한계가 있을 수 있습니다. 이로 인해 학습내용이 학습자들에게 단순히 추상적인 개념으로 남아 실무 능력으로 연결되지 않는 문제가 발생할 수 있습니다.

이러한 문제를 해결하기 위해 "현장 속으로" 활동이 필요합니다.

현장 속으로는 학습자들이 실제 현장을 직접 체험하거나 현장에 기반한 사례와 문제를 학습에 활용하는 활동으로, 학습자들이 학습내용을 현실과 연결시키고 실질적인 경험을 통해 학습의 깊이를 더할 수 있도록 돕습니다.

1) 도구

- **픽토그램 스티커** : 안전과 관련된 다양한 경고 및 안내 픽토그램을 준비합니다.
- **개선 Sheet** : 현장의 문제점과 개선 방안을 기록할 수 있는 양식을 준비합니다.
- **필기도구** : 개선 Sheet에 기록할 때 사용합니다.
- **개인보호구(PPE)** : 현장을 방문할 때 위험으로부터 학습자 보호를 위해 준비합니다.

2) 소요 시간

- 50분

제5장 참여형 교수법 방법론

3) 진행 요령

항목	방법
물리적 범위 결정	• 교육자는 현장 속으로 학습을 진행하기 위하여 현장의 물리적인 범위와 진행방법에 대하여 소개합니다. 　**예** 물리적 범위 : 사내 울타리 내, 현장 작업장, 물류창고 등
진행 방법 소개	• 방법 1. 산업안전보건법 제37조에 따라 현장의 유해하거나 위험한 장소, 시설, 물질을 확인하고 필요한 경고표지를 부착합니다. 　- 도구 : 산업안전보건법 제37조에 따른 경고표지 스티커 • 방법 2. 회사의 안전골든룰(safety Golden Rules)에 따른 현장 내 관찰활동을 시행합니다. 　- 도구 : 안전골든룰 픽토그램 스티커 • 방법 3. 현장에 3정(정품, 정량, 정위치), 5S(정리, 정돈, 청소, 청결, 습관화) 관점에서 잘못된 부분을 찾고 3정 5S 스티커를 부착합니다.
현장 속으로	• 진행 방법에 따라 각 학습자는 결정된 물리적 범위 내에서 현장을 관찰하고 활동을 진행합니다.
개선계획서 작성	• 현장에서 발견한 개선사항에 대해서는 지정된 개선 Sheet를 통하여 현재 상태, 문제점 및 개선계획 또는 개선 Idea를 작성하여 제출합니다.
토론 및 공유	• 각 학습자가 작성한 개선계획서는 학습팀 내에서 공유하고 개선 방안을 협의합니다.
개선계획 후속조치	• 학습자들이 작성한 개선계획은 주관부서에 전달되어 추가적인 확인을 통하여 개선활용에 반영될 수 있습니다.

4) 주의사항

- **픽토그램 스티커 사용의 용이성** : 픽토그램 스티커는 점착성이 좋으면서도 쉽게 떼어낼 수 있는 재질을 사용하여 현장에서의 적용과 제거가 쉬워야 합니다.
- **교육자의 적극적 참여** : 교육자는 학습자들과 함께 현장 탐방에 참여하여 직접 문제를 식별하고 개선하는 과정을 지도해야 합니다. 이를 통해 학습자들은 교육자의 지도를 통해 더욱 효과적으로 학습에 참여할 수 있습니다.
- **현장 근로자 배려** : 교육자는 학습자들이 현장을 탐방할 때 현장 근로자와 불필요한

대화나 논쟁이 없도록 사전에 주의사항에 대하여 설명해야 합니다.
- 현장 안전관리 : 현장을 방문할 때 개인 안전보호구(PPE) 착용 또는 현장의 위험요소에 대하여 사전에 파악하여 위험으로부터 학습자가 노출되지 않도록 합니다.
- 시각적 표현 강조 : 개선 Sheet에 현상과 개선안을 문자로만 표현하는 대신, 가능한 한 스케치를 활용하여 시각적 표현을 강조합니다. 이는 학습자들이 문제를 명확히 이해하고 개선 방향을 직관적으로 파악할 수 있도록 돕도록 합니다.

이론을 넘어 현장 속으로 접근 방식은 학습자의 실전 적용력과 문제 해결 능력을 극대화하는 데 효과적입니다. 이론 학습만으로는 실제 업무나 상황에서 발생하는 복잡한 문제를 해결하기 어려우나, 현장 경험을 병행하면 이해도가 높아지고 즉각적인 피드백을 통해 학습 효과가 강화됩니다.

또한, 현장 경험은 창의적 사고와 적응력을 키우는 핵심 요소입니다. 이론에서는 다루지 않는 변수를 직접 경험하면서 다양한 해결책을 모색하게 되고 이는 실무에서의 대응력을 향상하는 데 기여합니다.

결론적으로, 이론을 현장에서 직접 적용하는 과정은 학습 효과를 극대화하며 실전 역량을 갖춘 인재를 양성하는 데 필수적입니다. 따라서 효과적인 교육을 위해서는 단순한 개념 전달을 넘어 현장에서 실제로 경험하고 적용할 수 있는 기회를 제공하는 것이 필수적입니다.

제5장 참여형 교수법 방법론

● 현장 속으로 활용 도구

5.2.12 걸으며 나누는 대화 Walk & Talk

"Walk & Talk"는 학습자가 물리적으로 움직이며 자연스럽게 대화를 나누는 참여형 교수법입니다. 이 방법은 학습자 간 소통을 유도하고 관계를 촉진하는 데 효과적이며 특히 경직된 분위기를 완화하고 창의적 사고를 자극해야 하는 학습 환경에서 필요합니다. 안전보건교육 현장에서 이 기법은 형식적인 강의에 지친 학습자들에게 신선한 자극을 제공하고, 강의실을 벗어난 새로운 공간에서 자유로운 사고를 유도함으로써 사고 예방 및 안전문화 형성에 긍정적인 영향을 미칩니다.

또한 Walk & Talk는 다양한 배경과 의견을 가진 학습자들이 평등한 위치에서 자신의 생각을 자유롭게 공유할 수 있는 환경을 제공합니다. 이는 권위적인 구조에서 벗어나 수평적 관계 속에서 피드백과 상호 이해를 증진시키는 효과가 있으며, 학습자의 자율성과 심리적 안전감을 높여줍니다. 특히 팀워크 형성이나 조직 내 커뮤니케이션 향상이 필요한 경우, Walk & Talk는 탁월한 대안이 될 수 있습니다. 교육공학적 관점에서도 이 활동은 정적인 학습 환경에 동적 요소를 더함으로써 학습자의 몰입도와 학습 지속가능성을 높이는 장점이 있습니다.

1) 도구

- **필기도구 또는 메모앱** : 간단히 아이디어를 적을 수 있는 필기도구 또는 스마트폰 메모앱을 활용합니다.
- **편안한 복장 및 신발** : Walk & Talk 활동은 이동을 포함하므로, 학습자들이 편안하게 걸을 수 있는 복장과 신발을 준비하도록 권장합니다. 특히, 야외 활동이므로 날씨에 맞는 복장을 준비하는 것도 중요합니다.
- **스넥과 물 (선택사항)** : 야외 활동이 길어질 경우, 학습자들의 에너지를 유지하고 집중력을 높이기 위해 간단한 스넥이나 물을 준비하는 것도 좋습니다.
- **포스트잇 또는 플립차트** : 결과 공유를 위해 팀별 아이디어를 수집하고 발표 시 활용합니다.

2) 소요 시간

- 50분

3) 방법

항목	방법
주제선정	• 안전보건과 관련하여 고민해왔던 주제나 현장에서 실천 가능한 개선 아이디어 등 실질적이고 구체적인 주제를 선택합니다. • 주제는 교육자가 제시하거나 조별로 스스로 정하도록 유도할 수 있습니다.
파트너 구성	• 2인 1조로 구성하여 파트너와 함께 야외에서 걷는 동안 대화를 나눌 수 있도록 합니다. • 파트너 선정 시에는 가능하면 생소한 조합이 되도록 하여 새로운 시각과 교류를 유도합니다. • 필요시 사전에 번호표 등을 이용해 무작위로 파트너를 정할 수도 있습니다.
야외 활동	• 교육자는 Walk & Talk를 실시할 수 있는 물리적 경계를 설정합니다. 　예) 강의장 주변 산책로, 둘레길 등 • 2인 1조로 약 1~2분 간격으로 출발하여 약 30~40분간 걷기 활동을 하며 주제에 대해 자유롭게 이야기 나눕니다. • 걷기 활동은 신체활동과 결합되어 학습자의 심리적 긴장을 완화하고 창의적 사고를 촉진합니다. 날씨나 장소 상황에 따라 실내 복도 걷기로 대체할 수 있습니다.
아이디어 기록	• 대화 중 떠오른 아이디어나 인상 깊은 문장은 메모지나 스마트폰 메모앱 등을 활용해 기록합니다. • 기록은 나중에 조별 발표나 결과 공유 시 핵심 자료로 활용됩니다.
결과 공유	• 걷기 활동 종료 후 학습자들은 다시 강의장으로 모여 각 조별로 주요 아이디어나 느낀 점을 발표합니다. • 발표는 구두 발표 외에도 포스트잇 활용, 플립차트 작성 등 다양한 방식으로 표현할 수 있으며 다른 조의 발표에 피드백을 주는 시간도 함께 구성합니다.

4) 주의사항

- **안전한 보행 경로 확보** : 활동 장소는 차량 통행이 없고 장애물이나 미끄럼 위험이 없는 안전한 경로를 선택합니다.
- **기상 상태에 따른 유연한 대처** : 우천, 폭염, 한파 등 기상 조건에 따라 실외 활동이 어려운 경우는 활동을 제한합니다.
- **참가자의 건강 상태 고려** : 보행에 어려움이 있는 학습자나 건강상의 제약이 있는 경우, 무리한 참여를 강요하지 않고 대체 활동을 제공합니다.
- **대화의 균형 유지** : 한 명만 계속 말하지 않도록 서로 질문과 답변을 주고받는 대화 구조를 제안하며 필요시 질문 카드나 가이드 문장을 제공합니다.
- **활동 목적 명확화 및 피드백 시간 확보** : 걷기 자체가 목적이 아님을 강조하고 활동 후 반드시 아이디어 정리 및 조별 공유 시간을 마련하여 학습 효과를 완성합니다.
- **조별 간격 유지** : 앞뒤 조별 간격을 유지할 수 있도록 출발 간격과 코스를 결정합니다.

Walk & Talk은 신체 활동과 대화를 결합한 교수법으로, 학습자의 심리적 긴장을 완화하고 자연스러운 소통을 유도하여 학습 몰입도를 높이는 효과가 있습니다. 야외에서의 이동은 폐쇄적인 강의장에서 벗어나 학습자의 창의성과 사고 유연성을 자극하며 파트너와 대화는 문제 해결 능력과 공감 능력을 동시에 향상시킵니다. 또한 이 활동은 참여자 간의 상호 이해와 친밀감을 높여 협력 기반의 학습 문화를 형성하는 데 기여하며 학습내용을 보다 깊이 있는 성찰과 실제 행동 변화로 연결시킬 수 있는 교육적 가치를 지니고 있습니다.

◆ **Walk & Talk 사례**

5.2.13 갈등 없는 진행을 위한 순서 결정 기술

갈등 없는 진행을 위한 "순서 결정 기술"은 다양한 학습 환경에서 그 필요성이 크게 나타납니다. 특히 집단 활동이 수반되는 학습 상황에서는 학습자들 간의 의견차이나 역할 분담에 있어 충돌이 발생할 가능성이 높습니다. 이러한 상황에서 순서를 정하는 과정은 단순한 절차가 아니라, 협력의 기반을 다지고 상호 존중의 문화를 형성하는 중요한 교육적 장치가 됩니다. 예를 들어, 그룹별 발표 순서나 실습 활동의 차례를 정할 때 공정하고 납득이 가능한 방법으로 진행되지 않으면 불필요한 긴장감이나 소극적인 태도가 생겨날 수 있습니다. 이 기술은 학습자 간에 경쟁이 아닌 협동을 유도하며 구성원 모두가 학습의 주체로서 존중받는다는 인식을 갖게 합니다. 또한, 안전보건교육처럼 실제 위험을 다루는 교육에서는 실습 차례나 발언 순서가 학습자들의 참여도를 좌우할 수 있기 때문에 갈등 없이 순서를 정하는 기술은 학습의 몰입도를 유지하고 안전한 학습 분위기를 조성하는 데 효과적입니다.

1) 도구

- **사다리 게임** : 인터넷에서 사용할 수 있는 사다리 게임 사이트를 활용합니다.
  https://tinyurl.com/ylt8b7jh
- **뺑뺑이 번호 추첨기** : 스마트폰에서 사용할 수 있는 추첨기 앱을 활용합니다.
- **악어 이빨** : 장난감으로 사용하는 악어 이빨을 팀 숫자에 맞게 준비합니다.
- **주사위** : 가위, 바위, 보가 표기된 컬러 주사위를 준비합니다.

2) 소요시간

- 5분

3) 방법

항목	방법
사다리 게임	• 인터넷 검색엔진에서 "사다리게임"을 검색합니다. • 게임에 참여할 팀(개인)의 숫자를 결정하고, + 버튼을 클릭하여 추가합니다. • 각 팀(개인)의 이름과 당첨 항목을 입력한 후, 게임을 시작합니다. • 사다리게임 결과에 따라 순서를 정합니다.
뺑뺑이 번호 추첨기	• 스마트폰에서 "뺑뺑이 번호 추첨기" 앱을 설치합니다. • 스마트폰 미러링을 이용하여 학습자들이 볼 수 있도록 합니다. • 참여할 팀(개인) 수와 "중복 당첨 허용" 여부를 설정합니다. • 앱을 사용하여 추첨을 진행하고, 결과에 따라 순서를 정합니다.
악어 이빨 게임	• 참가 팀별 "악어 이빨" 장난감을 제공합니다. • 먼저 시작할 사람과 돌아가는 순서를 정합니다. • 이빨에 물리는 사람에 대한 기준을 설정합니다. • 참여자들은 순서대로 돌아가며 하나씩 악어의 이빨을 누릅니다. • 악어의 입이 닫힌 사람을 첫 번째 순서로 결정합니다.
가위 바위 보 주사위 게임	• 참가 팀별 "주사위"를 제공합니다. • 학습자들은 각자 좋아하는 컬러 주사위 하나를 선택합니다. • 주사위 게임 기준을 정합니다. • 학습자들은 동시에 각자 주사위를 굴려 최종 한 명이 남을 때까지 게임을 진행합니다.

- 기타 스마트폰에서 사용할 수 있는 앱으로는 Gotcha, Chwazi 등이 있습니다.

4) 주의사항

- **참여자 수 제한** : 사다리 게임은 최대 24명, 뺑뺑이 추첨기는 인원 제한 없음, 악어 이빨은 최대 13명, 주사위는 6명까지 참여할 수 있습니다.
- **중복 당첨 관리** : 뺑뺑이 추첨기 사용 시 "중복 당첨 허용"을 설정하면, 같은 사람이 여러 번 당첨될 수 있으므로 주의가 필요합니다.
- **악어 이빨** : 긴장 상태에서 악어 이빨에 물릴 경우 놀랄 수 있으므로 게임 시작 전 어떻게 물리는지 한 번 시연을 보이고 시작합니다.

- **투명성 유지** : 뺑뺑이 추첨기를 스마트폰에서 사용할 경우 추첨 결과를 스크린에 공유하고, 모든 참여자가 결과를 명확하게 볼 수 있도록 합니다.
- **숙련된 기술** : 스마트폰 또는 인터넷을 통하여 순서를 결정할 경우 충분한 연습을 통하여 숙련되게 진행합니다.

순서 결정 기술은 학습자 간의 불필요한 경쟁과 긴장을 줄이고, 공정성과 신뢰를 기반으로 한 학습 분위기를 조성하는 데 효과적입니다. 이 기술은 학습자들이 서로를 존중하며 협력하는 문화를 형성하게 하며, 참여의 기회를 균등하게 제공하여 학습 몰입도를 높입니다.

특히 참여형 교수법에서는 학습자의 심리적 안정감과 자발적 참여가 핵심이므로, 순서를 정하는 과정에서의 공정성과 투명성은 수업의 전반적인 만족도를 높이고 학습 효과를 극대화하는 데 기여합니다.

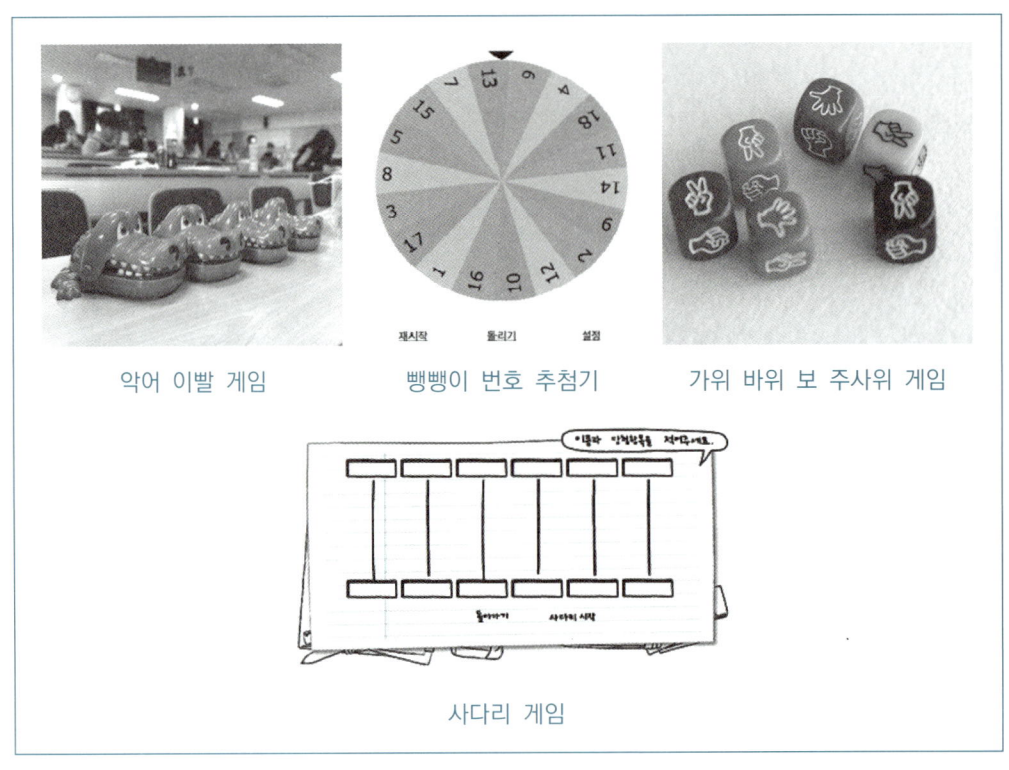

◐ 순서 결정 기술 사례

5.2.14 사소하지만 중요한 대화 스몰토크

학습자들이 강의 초반부터 편안하게 참여할 수 있는 환경을 조성하는 것이 중요합니다. 하지만 강의 시작 시 학습자들이 긴장하거나 어색한 분위기 속에서 소극적으로 행동하는 경우가 발생할 수 있습니다. 이는 학습자 간의 소통을 제한하고 수업에 대한 몰입도와 참여도를 낮추는 요인이 될 수 있습니다.

이러한 문제를 해결하기 위해 "스몰토크"가 필요합니다.

스몰토크는 강의 초반이나 활동 전후에 학습자들과 가볍게 나누는 대화로, 긴장감을 완화하고 수업 분위기를 부드럽게 만드는 데 효과적입니다. 스몰토크를 통해 학습자들은 교육자와 동료 학습자들에게 심리적으로 친밀감을 느끼며 학습 활동에 대한 동기를 강화할 수 있습니다.

스몰토크는 학습자들의 긴장을 해소하고 수업의 어색함을 줄이며 소통을 활성화하는 데 도움을 줍니다. 또한, 학습자들이 자연스럽게 대화에 참여하면서 적극적인 학습 태도를 가지도록 유도하며 수업 전체의 활발한 분위기를 조성합니다.

1) 도구

- PPT 슬라이드 : 스몰토크 주제를 시각적으로 제공할 수 있는 PPT를 사전 준비합니다.
- 간단한 질문지 : 주제와 관련된 질문지를 준비합니다.

2) 소요 시간

- 5~10분

3) 방법

항목	방법
주제 선정	• 교육자는 학습자들이 공감할 수 있는 가벼운 질문을 준비합니다. 　예) 계절, 날씨, 좋아하는 음식, 최근 본 영화 등
질문제시	• 준비된 PPT 슬라이드 또는 구두로 학습자들에게 질문합니다. 　예) 어떤 계절을 좋아하시나요? 　　　최근에 본 영화 중 가장 인상 깊었던 것은?
참여 유도	• 학습자들이 자유롭게 자신의 의견을 표현할 수 있도록 개방형 질문을 사용하여 대화를 유도합니다. • 학습자 간의 상호작용을 촉진하기 위해 그룹별로 답변을 나누도록 장려합니다.
상호작용 촉진	• 각자의 답변을 상대방과 짧게 공유하도록 안내하고 유사 경험에 대하여 한 마디 더 나눌 수 있도록 유도합니다.
마무리 피드백	• 가벼운 대화에 대하여 교육자가 적극적으로 개입할 필요는 없습니다. "모두가 웃는 모습이 인상 깊었습니다", "이야기를 통해 더 가까워졌습니다"와 같은 긍정적 피드백을 제공합니다.

4) 주의사항

- **대화의 방향 관리** : 대화가 지나치게 사적인 이야기에 치우치거나 잡담으로 변질되지 않도록 주의합니다.
- **적절한 주제 선택** : 논란의 여지가 있거나 민감한 주제(정치, 종교, 성별, 외모 등)는 피하고, 모든 학습자가 편안하게 참여할 수 있는 주제를 선택합니다.
- **대화와 강의의 연계성 유지** : 가벼운 대화가 강의 내용과 자연스럽게 연결될 수 있도록 하고, 대화를 통해 얻은 내용을 강의 주제와 연관 지어 설명합니다.

스몰토크는 학습자 간의 심리적 장벽을 낮추고, 친밀감과 신뢰를 형성하여 학습 분위기를 부드럽게 만드는 효과가 있습니다. 특히 참여형 교수법에서는 학습자의 정서적 몰입을 유도하고 자발적인 참여를 촉진하는 데 중요한 역할을 합니다. 짧은 대화를 통해 학습자들은 자신의 존재가 존중받고 있다는 느낌을 받으며, 이는 학습 동기와 만족도를 높이는 결과로 이어집니다. 또한 교육자와 학습자 간의 관계 형성을 도와 긍정적인 상호작용의 기반을 마련해줍니다.

5.2.15 집중의 시간 미니 메가폰 활용

"미니 메가폰"은 강의장에서 학습자들의 주의를 집중시키고 흥미를 유도할 수 있는 유용한 도구입니다. 특히 강의 시작 시점이나 분위기 전환이 필요한 순간에 일반적인 음성 대신 기계음처럼 변조된 목소리를 활용하면 학습자들은 자연스럽게 교육자에게 집중하게 됩니다. '오징어 게임'의 병사 목소리를 패러디하여 사용하는 방식은 학습자의 긴장을 해소하고 참여를 유도하는 데 효과적입니다. 미니 메가폰은 전달력을 높이면서도 교육의 시작을 유쾌하게 알릴 수 있는 도입 장치로 활용되며 짧은 시간 내에 메시지를 인상 깊게 전달할 수 있어 참여형 교수법의 분위기 형성에 크게 기여합니다.

1) 도구

- 미니 메가폰 : 기계음 변조가 가능한 소형 확성기입니다.
- 시나리오 : 메가폰을 활용할 경우 사전 준비된 시나리오를 활용합니다.

2) 소요 시간

- 3분 내

3) 방법

항목	방법
주의 집중 유도	• 교육자는 준비된 시나리오와 미니 메가폰을 준비합니다. • 미니 메가폰을 통해 학습자들이 이목을 집중할 수 있도록 다음 예와 같이 이야기 합니다. 　예 "강의에 참석하는 모든 학습자는 강의를 위하여 지정된 좌석에 착석해 주십시오" 　Tip 시나리오는 영화 "오징어 게임"에서 병사의 기계음을 흉내 내는 것으로 일반 음성보다 이질적이고 강한 음향을 활용해 자연스럽게 주의를 환기시킵니다.

5.2 참여형 교수법 실천 가이드

항목	방법
강의 내용 소개	• 교육자는 강의 시간이 시작되었음을 알리고, 이번 시간에 대한 주요 강의 내용을 짧게 소개합니다. **예** "학습자 여러분 이번 시간에는 창의력과 논리를 연결하는 마인드맵 기술에 대하여 배워보도록 하겠습니다."
주요 규칙 공지	• 강의 시간에 정한 "그라운드 룰"에 대하여 다시 한 번 상기시킬 필요가 있을 때 미니 메가폰을 활용할 수 있습니다. **예** "학습자는 수업 중 졸 수 없습니다. 그라운드 룰에서 정한 바와 같이 졸다가 들키면 바로 팀원들에게 박수를 받아야 합니다. (짝짝짝)"
참여 유도 멘트	• 참여형 교수법의 핵심은 과정이 진행되는 전 과정에서 학습자의 참여가 중요합니다. 주의력이 떨어지거나 팀 과제 진행 중 참여하지 않는 학습자가 있을 경우, 참여를 유도하는 멘트를 이용할 수 있습니다. **예** "이 강의에서 살아남는 방법은 단 하나, 함께 참여하는 것입니다"

4) 주의사항

- **음향조절** : 실내 강의실에서는 지나치게 큰 소리가 이질감이나 불쾌감을 유발할 수 있습니다. 참가자들의 반응을 살펴보며 음량을 적절히 조절해 주십시오.
- **개인감정 고려** : 군대식 명령조의 기계음은 일부 학습자에게 위협적으로 느껴질 수 있습니다. 유머나 친근한 어투를 섞어 전달하면 거부감을 줄일 수 있습니다.
- **주제와 맥락의 일관성 유지** : 강의 주제가 엄숙하거나 감정적으로 민감한 경우(예 : 재해 사례 교육 등)에는 메가폰 사용을 자제하는 것이 좋습니다. 상황에 맞게 판단해 주십시오.

미니 메가폰은 짧은 시간 안에 학습자의 주의를 집중시키고 강의 분위기를 환기하는 데 매우 효과적인 도구입니다. 반복되는 교육 속에서 흥미를 유도하며 학습자의 몰입을 자연스럽게 이끌어냅니다. 놀이 요소가 가미된 도입은 교육자의 개성을 드러내면서도 학습자들의 경계심을 낮춰주며 전체적인 참여 분위기를 향상시킬 수 있어 참여형 교수법과 훌륭하게 조화를 이룹니다.

제5장 참여형 교수법 방법론

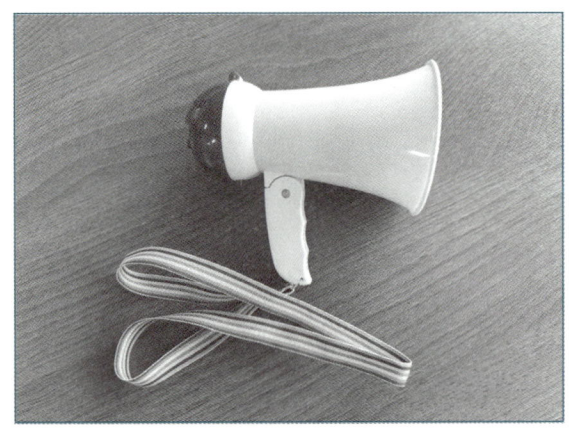

◆ 미니 메가폰

오징어 게임 병사 기계음 대사

"참가자 전원, 집합하십시오."
"게임을 시작하겠습니다."
"지금부터 무궁화 꽃이 피었습니다 게임을 시작합니다."
"움직이면 탈락입니다."
"탈락자는 즉시 퇴장됩니다."
"정해진 선 안으로 들어가십시오."
"규칙을 어긴 자는 제재를 받습니다."
"번호 순서대로 이동하십시오."
"게임 종료. 생존자는 다음 단계로 이동하십시오."
"축하합니다. 다음 게임에 진출하셨습니다."

- 영화 오징어게임

5.2.16 9×9 생각의 기술 만다라트 기법 활용

    9×9 생각의 기술 "만다라트 기법"은 참여형 교수법에서 학습자의 창의적인 사고를 유도하고, 다양한 관점에서 문제를 바라보도록 돕는 시각적 도구입니다. 특히 안전보건교육처럼 현실적인 문제 해결이 요구되는 교육 상황에서 효과적으로 활용할 수 있습니다.

    이 기법은 하나의 중심 주제를 설정한 뒤, 이를 8개의 관련 소주제로 확장하고 다시 각각의 소주제를 세부적으로 파고들어 총 81개의 아이디어를 도출하는 구조로 구성됩니다. 예를 들어 '현장의 안전문화 개선'을 주제로 설정하면, 관련된 다양한 요소들, 즉 작업자 인식, 관리자의 리더십, 작업 환경 등을 연계적으로 사고할 수 있도록 돕습니다.

    교육 현장에서 이 기법을 활용하면 학습자들은 단순히 지식을 외우는 것이 아니라 직접 생각하고 아이디어를 시각화하며 동료들과 함께 내용을 완성해가는 과정을 통해 더 깊이 있는 학습을 경험하게 됩니다. 이는 곧 사고 확장과 함께 실천적인 안전 아이디어 도출로 이어지며 학습자의 책임감과 참여도를 높이는 데에도 기여합니다.

1) 도구

- 플립차트 : 아이디어를 시각적으로 표현할 수 있습니다.
- 컬러 마커 : 다양한 색상을 사용하여 시각적으로 구분되게 컬러로 준비합니다.
- 만다라트 S/W : 첨부된 QR코드를 통하여 프로그램을 다운받습니다.

2) 소요 시간

- 50분

3) 방법

항목	방법
주제 설정	• 교육자는 안전보건교육의 주제를 결정합니다. • 학습자는 만다라트 중앙 칸(주황색)에 주제(예 : "사고 없는 작업장 만들기")를 적습니다. **Tip** 이 단계는 전체 사고의 방향을 설정하므로 교육 목적과 현장 상황에 부합되도록 신중히 선택합니다. 또한 참가팀별로 주제를 달리하여 운영할 수 있습니다.
세부 목표 구조화	• 학습자는 중심 주제를 바탕으로 8개의 세부 목표를 도출합니다. • 중심 칸을 둘러싼 8개의 파란색 칸에 관련 요소를 기록합니다. **예** 위험예지 훈련, 개인보호구 착용 습관화, 관리감독자 리더십, 작업 전 점검, 작업자 간 소통, 휴식 환경 개선 등 **Tip** 세부 목표는 현장의 목소리를 반영하고, 참여자들이 직접 제안할 수 있도록 유도해야 합니다.
실행 방안 세분화	• 학습자는 각 세부 목표에 대한 구체적 실행 아이디어를 작성합니다. • 세부 목표를 각 소영역의 중심에 위치시키고, 그 주변 8칸에 실행 아이디어를 채웁니다. **예** '개인보호구 착용' → 교육 주기 확대, 착용 체크리스트 비치, 우수자 포상제도, 불편 개선 요청함 설치 등 **Tip** 학습자들이 조를 이루어 아이디어를 브레인스토밍 형식으로 작성하도록 유도합니다.
우선순위 설정	• 실행 방안에 대해 중요도를 평가하고 정리합니다. • 각 칸에 있는 원형 버튼을 사용하여 H(높음), M(중간), L(낮음)으로 우선순위를 설정합니다. • 학습자들이 직접 우선순위를 판단하도록 하여 실행의 현실성과 몰입도를 높입니다.
결과 공유	• 학습팀별 자체 토론을 거친 후 우선순위를 고려하여 발표합니다. • 교육자는 발표 내용을 바탕으로 주제와의 일치 여부 또는 교육의 목적 등을 고려하여 결과를 정리합니다. **Tip** 교육자는 학습자들이 선정한 내용은 단순 발표로 거치지 않고 실제 실행이 가능하도록 강조합니다.

4) 주의사항

- **구체적인 주제** : 중심 주제는 모호하지 않게, 참여자 모두가 쉽게 이해할 수 있도록 구체적으로 설정합니다.
- **세부 목표는 MECE 하게** : 모든 세부 목표는 서로 겹치지 않으면서도 전체 주제를 빠짐없이 포괄하도록 설계해야 합니다.
- **실행 방안은 현실적으로** : 이상적인 계획보다는 실제 현장에서 실행 가능한 수준의 아이디어를 제시해야 합니다.
- **참여는 균등하게 유도** : 특정 학습자에게 편중되지 않도록 모든 참여자의 의견이 반영되도록 적극적인 조율이 필요합니다.

9×9 생각의 기술 만다라트 기법은 학습자가 중심 주제를 다양한 각도에서 분석하고 구체적인 실행 방안을 스스로 도출하도록 돕는 시각적 사고 도구입니다. 참여형 교수법에서 이 기법은 학습자의 창의력과 사고 확장 능력을 자극하며, 팀별 활동을 통해 협업과 소통 능력도 함께 향상시킵니다. 특히 안전보건교육과 같이 현장 적용이 중요한 교육에서, 학습자가 직접 해결방안을 도출하고 실행 가능성을 판단하게 하여 실제 행동 변화를 이끌어낼 수 있습니다. 또한 구조화된 사고를 통해 교육 내용을 명확히 정리하고, 실행 전략으로 전환하는 과정에서 교육의 실효성과 몰입도를 높이는 데 효과적입니다.

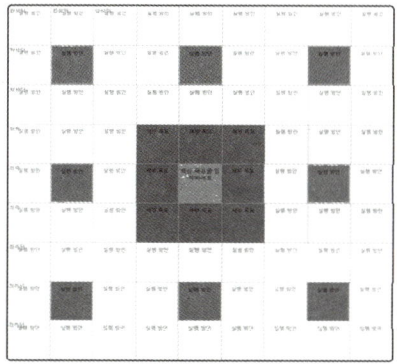

◆ **만다라트 기법 사례**

만다라트 활용 앱

제5장 참여형 교수법 방법론

5.2.17 창의력과 논리를 연결하는 마인드맵 전략

"마인드맵"은 1974년 영국의 토니 부잔(Tony Buzan)이 고안한 창의적 사고 도구로, 참여형 교수법에서는 학습자의 사고를 시각화하고 구조화함으로써 깊이 있는 학습을 가능하게 합니다. 특히, 복잡한 정보를 체계적으로 정리하거나 창의적인 아이디어를 도출해야 하는 학습 상황에서 특히 유용하게 활용됩니다. 예를 들어 안전보건교육과 같이 내용이 광범위하고 현장 적용이 필요한 경우, 학습자들은 각 주제의 핵심 개념과 세부 내용을 마인드맵을 통해 구조화함으로써 지식을 더 깊이 이해하고 기억할 수 있습니다. 이러한 시각화 활동은 단순한 암기보다 의미 기반의 학습을 촉진하며 학습자가 자기 주도적으로 개념 간 관계를 탐색하도록 유도합니다.

또한 마인드맵은 토론이나 팀 프로젝트와 같이 집단지성이 필요한 학습 환경에서도 효과를 발휘합니다. 학습자들은 각자의 생각을 가지 형태로 표현하고 서로의 아이디어를 연결해 나가며 보다 창의적인 해결책을 모색할 수 있습니다. 이 과정은 자연스럽게 협업과 의사소통 능력을 키우는 데도 기여합니다. 특히 안전보건교육에서 마인드맵은 사고 예방과 관련된 다양한 위험요소를 식별하고 대응 전략을 체계적으로 정리하는 데 도움이 되며 실질적인 안전의식 향상을 위한 학습 자료로도 활용할 수 있습니다.

1) 도구

- 플립챠트 : 아이디어를 시각적으로 표현할 수 있습니다.
- 컬러마커 : 다양한 색상을 사용하여 시각적으로 구분되게 컬러로 준비합니다.
- 도트 : 다양한 의견에 대하여 투표(voting)할 때 사용합니다.

2) 소요 시간

- 50분

3) 방법

항목	방법
마인드맵 개념 설명	• 교육자는 마인드맵이 사고를 시각화하는 도구이며 중심 주제에서 관련 개념을 가지처럼 확장해 나가는 구조임을 설명합니다. • 예시 자료를 제시하며 창의적 사고 유도 도구로써의 마인드맵의 특징과 장점을 강조합니다.
주제선정	• 안전보건교육 내용과 연관된 주제를 제공합니다. • 주제는 교육자가 정하거나 학습자가 직접 선택할 수 있도록 하여 주도성을 부여합니다. 　예) "최근 발생했던 사고의 근본 원인", "작업장 내 안전수칙 정리" 등.
팀 구성	• 5~6명 규모로 구성하여 의견 교환이 활발하게 이루어지면서도 모든 구성원이 활동에 참여할 수 있도록 균형을 유지해 줍니다. • 팀 구성은 자율적으로 하거나 교육자가 무작위로 구성할 수 있으며 필요시 다양한 성격과 직무 경험이 골고루 섞이도록 편성하는 것도 좋습니다.
마인드맵 작성	• 중심 개념을 플립차트나 중앙에 작성하고 관련 아이디어를 브레인스토밍 형식으로 자유롭게 여러 가지 형태로 확장합니다. • 포스트잇, 컬러마커 등을 활용하여 시각적으로도 명확하고 흥미롭게 구성합니다.
토론 및 정리	• 팀원 간 토론을 통해 작성된 내용을 정리하고, 발표할 핵심 키워드를 도출합니다. • 팀별 발표 후 다른 팀과 상호 피드백을 주고받으며 아이디어를 보완하거나 확장할 수 있는 시간을 마련합니다.

4) 주의사항

- **색상 구분** : 각 팀원은 서로 다른 색상의 컬러마커를 사용하여 시각적 구분을 명확하게 합니다. 이는 의견의 출처를 쉽게 파악하고 다양한 시각을 반영할 수 있도록 돕는 역할을 합니다.
- **참여 유도** : 모든 팀원이 적극적으로 참여할 수 있도록 유도합니다. 특히, 내성적인 성향의 팀원들이 소외되지 않도록 팀 리더가 적절히 조율합니다.
- **도트 보팅 규칙** : 도트 보팅 시 각 팀원은 2개의 도트를 사용하여 가장 공감 가는 의

견에 투표합니다. 단, 본인(팀)의 의견에는 투표하지 않는 것으로 이해를 구합니다.
- **비판 금지** : 초기 아이디어 작성 단계에서는 비판을 금지하여 자유로운 의견 개진을 촉진합니다. 모든 의견은 존중되어야 하며, 나중에 정리 및 평가 단계에서 합리적으로 선택할 수 있도록 합니다.

이처럼 마인드맵은 학습자가 정보의 구조를 시각화하고, 다양한 관점을 탐색하며 핵심 내용을 요약하고 정리할 수 있는 학습 도구로, 학습 참여도를 높이고 이해와 기억을 촉진하는 데 매우 효과적으로 활용됩니다.

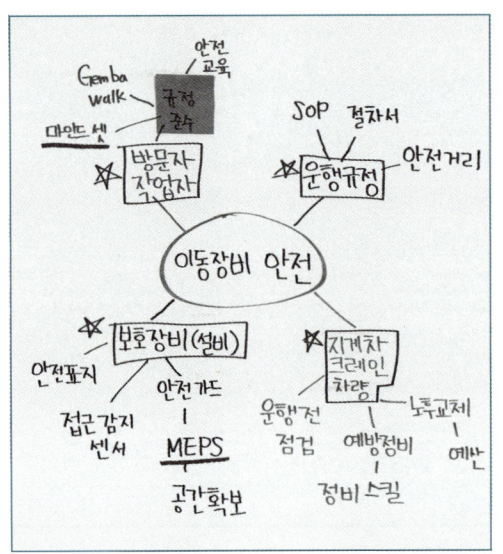 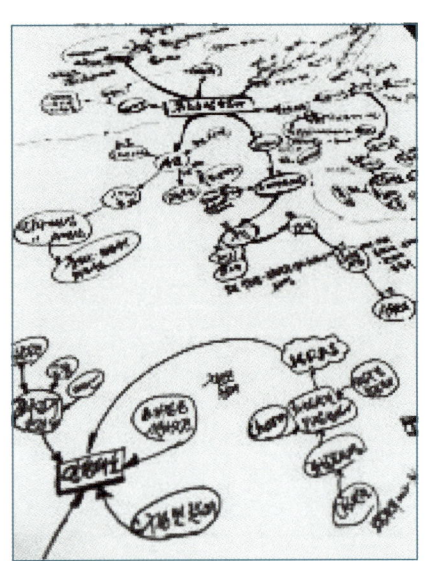

◆ 마인드맵 사례

5.2.18 인식과 행동을 변화시키는 리치픽처

학습자들이 복잡한 문제나 주제를 다룰 때, 이를 전체적으로 이해하고 다양한 요소 간의 관계를 명확히 파악하며 창의적으로 해결책을 모색하는 능력이 중요합니다. 그러나 이러한 문제를 단순히 텍스트나 구두로 설명하려 하면 학습자들이 핵심을 놓치거나 요소 간의 상호작용을 충분히 이해하지 못하는 경우가 발생할 수 있습니다. 이는 학습자들의 몰입도를 낮추고, 학습의 효과를 제한하는 결과를 초래할 수 있습니다.

이러한 문제를 해결하기 위해 "리치픽처" 활동이 필요합니다. 리치픽처는 학습자들이 문제나 주제를 그림과 기호로 시각적으로 표현하면서 주요 구성 요소와 이들 간의 관계를 명확히 나타내는 활동입니다. 이를 통해 학습자들은 복잡한 문제를 체계적으로 정리하고 시각적 사고를 통해 이해와 창의성을 증진할 수 있습니다.

1) 도구

- 플립차트 : 리치픽처 활동을 위해 그림이나 사진을 붙일 때 사용합니다.
- 컬러마커와 파스텔 : 글씨를 작성하고 시각적 요소를 추가할 때 사용합니다.
- 리치픽처 툴킷 및 잡지 : 다양한 이미지를 활용할 때 사용합니다.
- 가위 및 딱풀 : 이미지를 오려 붙이기 위한 도구로 사용합니다.
- 포스트잇 : 키워드나 메시지를 결정하기 전 스토리텔링을 위해 사용합니다.
- 연필과 지우개 : 아이디어를 스케치하는 데 사용합니다.
- 도트 스티커 : 우수작품 선정을 위해 투표(Voting)용으로 사용합니다.
- 간단한 선물 : 우수작품 시상에 사용합니다.

2) 소요 시간

- 100분

3) 방법

항목	방법
팀구성	• 학습자를 5~6명으로 구성된 소그룹으로 구성합니다. • 팀 구성 시 부서, 역할, 경력 등을 고려하여 다양한 조합을 유도하는 것이 효과적입니다.
리치픽처 설명 및 주제 선정	• 교육자는 리치픽처의 개념과 목적(시각적 사고 정리, 문제 상황의 인식 등)을 설명합니다. 그리고 주제를 제시하거나 팀이 스스로 조직 내 안전 이슈 또는 직무와 관련된 문제를 주제로 선정하도록 안내합니다.
토론 및 이미지 선택	• 선정한 주제에 대해 자유롭게 토론하며, 본인의 경험과 생각을 공유하고 바람직한 방안을 논의합니다. • 포스트잇이나 연필 등을 활용하여 전체적인 개념도나 스토리를 구성합니다. • 이미지는 리치픽처 툴킷 또는 잡지 등을 활용합니다. 중요한 것은 사실적 정확성보다는 상징성과 표현의 자유입니다.
이미지 배치 및 스토리텔링	• 각 팀은 플립차트 위에 선택한 이미지와 키워드를 적절히 배치하며 이미지를 중심으로 스토리를 구성합니다. • 시간의 흐름이나 인과관계, 감정의 흐름 등을 시각적으로 표현하여 이야기를 자연스럽게 전달할 수 있도록 합니다.
완성 및 발표	• 완성된 리치픽처는 강의장 벽에 부착하고 스마트폰 스캐너를 이용하여 이미지로 전환한 후 화면을 통해 공유합니다. • 발표자는 완성된 리치픽처에 대한 제작 의도와 팀에서 도출한 문제 인식, 핵심 메시지를 설명합니다. • 학습자는 질문과 피드백을 통해 충분한 상호작용을 진행합니다.
우수팀 선정 (Voting)	• 교육자는 발표 내용에 대해 적극적인 개입은 자제하고 먼저 투표를 통하여 우수작품상을 선정합니다. • 투표를 위해 교육자는 도트 스티커를 각 학습자당 하나씩 지급한 후 팀별 발표내용에 대해 개인적으로 가장 공감했던 작품에 대해 도트 스티커로 투표(Voting)를 진행합니다. **Tip** ① 학습자 본인이 참여한 작품에는 투표하지 않도록 합니다. ② 앞사람이 부착한 도트 스티커에 가까운 곳에 밀집하여 부착하도록 유도합니다. • 우수작품에는 간단한 선물을 전달하고 작품의 의미를 다시 한번 공유합니다.

4) 주의사항

- 참여 유도 : 모든 팀원이 활동에 적극적으로 참여할 수 있도록 유도합니다. 또한, 한 사람이 주도하는 것을 피하고 모든 의견이 반영될 수 있도록 합니다.
- 안전주의 : 이미지를 자르기 위해 가위를 사용할 경우 안전에 주의해야 합니다.
- 스토리텔링의 중요성 : 리치픽처는 단순한 이미지 배치가 아닌 학습자들에게 전달하고자 하는 명확한 메시지가 포함되도록 합니다.
- 시간 준수 : 전체 실습 시간과 경과 시간을 적절히 전달하고 일찍 완성한 팀은 다른 팀에게 방해가 되지 않도록 주의합니다.
- 도트 보팅 규칙 : 도트 보팅 시 자신이 속한 팀에는 투표하지 않도록 하여 공정성을 유지합니다.

리치픽처는 학습자가 복잡한 문제 상황을 시각적으로 정리하고 표현하는 과정을 통해 사고의 폭을 확장하고 문제의 본질을 깊이 이해하도록 돕는 효과가 있습니다. 단순한 언어적 설명을 넘어서 이미지와 상징을 활용함으로써 감정, 갈등, 관계 등 비가시적 요소까지 통합적으로 표현할 수 있어 학습자 간의 공감과 소통을 촉진합니다. 이를 통해 학습자는 단순히 지식을 습득하는 수준을 넘어 스스로 문제를 인식하고 대안을 모색하며 행동 변화를 이끌어낼 수 있는 능동적 학습 경험을 하게 됩니다.

결과적으로 리치픽처는 학습자의 안전의식 향상과 조직 내 안전문화 형성에 실질적인 기여를 할 수 있습니다.

리피픽처 UCC

리치픽처 사례

5.2.19 안전을 지키는 첫걸음 안전 관찰

"안전 관찰"은 산업현장에서 학습자들이 위험요인을 인식하고 이를 개선하는 능력을 키우는 데 매우 효과적인 학습 방법입니다. 특히 반복적이고 익숙한 작업 환경에서는 무의식적인 행동으로 인해 발생할 수 있는 위험을 간과하기 쉽습니다. 이러한 상황에서 안전 관찰은 일상의 습관을 되돌아보고 무심코 지나치던 불안전한 상태나 행동을 스스로 식별하는 기회를 제공합니다. 실제로 근로자가 수행 중인 작업 현장에 직접 투입되어 동료들의 작업을 관찰하고 위험요인을 찾아내는 활동은 단순한 이론적 지식을 넘어 실천적 학습을 가능하게 합니다. 이를 통해 학습자는 작업장의 물리적 구조, 기계의 작동 방식, 보호구 착용 실태 등을 직접 점검하며 문제점을 발견하고 해결책을 제시할 수 있습니다. 또한 이러한 환경은 동료 간 피드백과 의견 교환을 통해 사고 예방에 대한 집단적 인식을 강화시키고 조직 내 안전문화 형성에도 기여합니다. 특히 새로운 작업 공정을 도입하거나 작업 방법이 변경되는 경우, 작업의 안전성을 사전에 점검하는 활동으로 안전 관찰을 수행하며 이는 학습자들이 변화에 능동적으로 적응하고 현장에서의 실천력을 높이는 데 중요한 역할을 합니다.

1) 도구

- 현장 이미지 : 불안전한 행동과 불안전한 상태가 반영된 현장 이미지를 준비합니다.
- 필기도구 : 의견을 기록하고 정리할 수 있는 도구로 활용합니다.
- CamScanner : 안전관찰 활동 결과를 공유하기 위해 스마트폰 이미지 스캐너 앱을 준비합니다.

2) 소요 시간

- 30~40분

3) 방법

항목	방법
현장 이미지 제공	• 교육자는 실제 또는 가상의 작업장 이미지를 준비합니다. 이 이미지는 불안전한 행동(예 : 보호 장비 미착용)과 불안전한 상태(예 : 무질서한 작업장)를 포함합니다.
불안전한 행동 및 상태 식별	• 교육자는 학습자들에게 이미지를 보여주고, 각 팀은 해당 이미지에서 불안전한 요소를 식별하는 활동을 시작합니다. • 학습자들은 팀별로 이미지를 분석하고, 필기 도구를 이용해 불안전한 행동과 상태를 숫자와 함께 키워드를 표기합니다. • 팀 내에서 역할을 분담하며 각자가 다른 시각에서 문제를 파악하도록 합니다.
개선안 도출	• 발견된 불안전한 행동과 상태에 대한 개선안을 도출합니다. • 개선안은 제거/대체, 공학적 대책, 관리적 대책, 보호구 순으로 적용될 수 있도록 합니다. 특히, 중상이나 사망을 초래할 것으로 판단되는 SIF(Serious Injury or Fatality)관점의 위험요소는 제거/대체 또는 공학적 대책을 통하여 개선안을 도출합니다.
토론 및 공유	• 교육자는 팀별 안전관찰 활동 결과에 대하여 강의실 적절한 곳에 게시하고 스캐너를 이용하여 학습자들과 슬라이드를 통하여 공유합니다. • 교육자는 팀별 발표 순서를 정하고 안전관찰 내용과 개선안에 대하여 발표할 수 있도록 유도합니다. • 발표자는 추가 관찰 사항이 있는지 학습자들과 토론합니다.
통제방안 논의	• 교육자는 발견된 위험 요소의 통제 방안이 적절한지에 대해 학습자들과 함께 토론합니다. • 적극적으로 참여해 준 학습자들에게 박수로 격려합니다.

4) 주의사항

- **전원 참여 유도** : 학습자가 안전관찰 활동에 적극적으로 참여할 수 있도록 유도하기 위해 각 조의 의견을 존중하고 적극적인 참여를 장려합니다.
- **교육자의 개입 자제** : 교육자는 학습자들이 스스로 문제를 찾고 해결할 수 있도록 지침을 제공하되 과도한 개입을 자제합니다.

• 법규 위반 항목 포함 : 관찰 과정에서 법규 위반 항목이 누락되지 않도록 주의하며 관련 법규와 안전 규정을 충분히 이해시키고 이를 준수하도록 지도합니다.

안전 관찰은 학습자 스스로 위험요소를 인식하고 개선안을 제시하게 함으로써 안전의식을 고취시키는 데 효과적입니다. 단순한 지식 전달을 넘어 실제 행동 변화로 이어지며 동료 간 피드백을 통해 조직 전체의 안전문화가 강화됩니다. 또한 반복적인 작업 속에서 무뎌지기 쉬운 위험 감수성을 되살려주고 문제 해결 능력과 책임감을 키우는 데 기여합니다. 이로 인해 근로자의 자율적인 안전관리 역량이 향상되고 사고 예방이라는 실질적인 성과로 이어지는 점이 안전 관찰의 중요한 효과입니다.

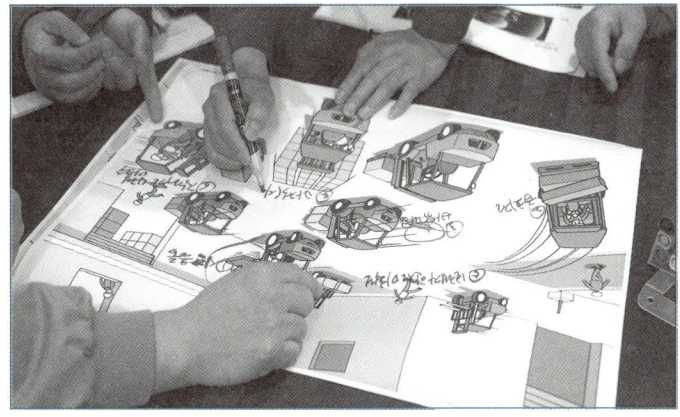

◯ 안전 관찰 사례

5.2.20 강렬한 메시지 전달 창작 포스터

"창작 포스터"는 학습자들이 이론을 단순히 수용하는 데 그치지 않고, 주도적으로 사고하고 표현할 수 있는 환경에서 그 효과가 극대화됩니다. 특히 안전보건교육과 같이 실제 현장과 밀접하게 연관된 학습 주제에서는 학습자의 감정과 인식을 시각적으로 구체화할 수 있는 수단이 필요합니다. 이러한 환경에서 창작 포스터는 학습자들이 안전과 관련된 메시지를 자신만의 언어로 재구성하고 표현하면서 학습내용을 더욱 깊이 내면화할 수 있도록 돕습니다. 이는 학습자가 교육 내용을 단순히 이해하는 수준을 넘어서 자신의 경험과 감정을 반영해 창의적으로 해석하고 이를 시각적으로 전달하는 과정에서 의미 있는 학습을 형성할 수 있는 기반이 됩니다.

창작 포스터는 집단 학습이나 팀 프로젝트와 같이 협업이 강조되는 상황에서 더욱 효과적으로 작용합니다. 학습자들은 공동의 목표를 바탕으로 아이디어를 나누고 이를 포스터 형식으로 시각화하는 과정에서 상호작용과 커뮤니케이션 능력을 자연스럽게 발전시킬 수 있습니다. 또한 자신이 만든 메시지를 타인에게 설명하고 공유하는 과정은 학습자가 학습 내용을 반복적으로 숙고하고 자신의 언어로 정리할 기회를 제공하여 심화 학습을 유도합니다. 특히 안전문화 형성을 목표로 하는 교육에서는 단순한 지식 전달보다 '왜 안전이 중요한가'를 학습자 스스로 인식하고 표현하게 만드는 창작 포스터 활동이 학습자의 태도와 행동 변화를 이끄는 중요한 매개가 될 수 있습니다.

1) 도구

- 포스터 : 기본 이미지가 포함된 포스터(A2)를 각 팀별 2~3장씩 준비합니다.
- 컬러마커 및 파스텔 : 글씨를 작성하고 시각적 요소를 추가할 때 사용합니다.
- 포스트잇 : 포스터를 완성하기 전 스토리텔링을 준비하는 데 사용합니다.

2) 소요 시간

- 50분

3) 방법

항목	방법
포스터 준비 및 배포	• 팀별로 A2 크기의 포스터(초안)를 2~3장씩 제공합니다. • 컬러마커, 파스텔, 포스터잇 등 도구를 제공합니다.
토론 및 키워드 작성	• 팀원들과 포스터 초안을 바탕으로 자유롭게 이야기하며 생각을 확장합니다. • 토론 중 떠오른 주요 단어나 문장을 메모지나 포스터잇에 적습니다. • 포스터에 포함할 핵심 메시지를 3가지 이상 도출합니다.
포스터 완성	• 도출한 키워드를 바탕으로 텍스트, 그림, 도형, 상징 등을 활용해 메시지를 시각적으로 구성합니다. • 파스텔을 이용하여 배경과 글씨 색상에 대비를 주어 가독성을 높입니다. • 팀원들과 역할을 나누어 작업합니다. 　예 글씨, 그림, 디자인
발표 및 피드백	• 완성된 포스터는 강의장 벽에 부착하고 스캐너를 이용하여 이미지로 전환 후 화면을 통해 공유합니다. • 발표자는 완성된 포스터에 대한 제작 의도와 도출한 문제점 및 핵심 메시지를 설명합니다. • 학습자는 질문과 피드백을 통해 충분히 상호작용을 진행합니다.
우수팀 선정 (Voting)	• 발표 후에는 도트 보팅(Dot Voting)을 통해 우수작을 선정하고 시상합니다.

4) 주의사항

- **주제 중심 표현 유도** : 포스터의 메시지는 반드시 교육의 핵심 주제와 연계되도록 지도해야 합니다.
- **표절 예방을 위한 안내** : 창작 활동 전에는 타인의 작품을 무단으로 사용하는 행위가 창작 윤리에 어긋난다는 점을 충분히 강조해 주시기 바랍니다.
- **자극적 이미지 지양** : 포스터 제작 시 과도하게 충격적이거나 지나치게 선정적인 이미

지를 사용하는 것은 지양해야 합니다.

- **협력 기반 역할 분담 강조** : 팀 활동에서는 각 구성원의 역할을 명확히 나누어 불균형한 참여를 방지해야 합니다. 또한 상호 협력을 통해 공동의 책임감을 기를 수 있도록 지도해야 합니다.
- **작업 시간과 과정 관리** : 포스터 제작에 앞서 활동 시간을 명확히 안내하고, 중간 점검을 통해 학습자들이 시간 내에 과제를 완수할 수 있도록 관리해야 합니다.

창작 포스터 활동은 학습자가 안전보건에 대한 핵심 메시지를 스스로 해석하고 시각적으로 표현함으로써 학습내용을 깊이 있게 내면화하도록 돕는 효과가 있습니다. 단순한 정보 전달이 아니라 창의적 사고, 문제 해결 능력, 협업 능력을 동시에 향상시킬 수 있습니다. 특히 시각 중심의 표현을 통해 메시지를 직관적으로 전달하고 기억에 오래 남게 합니다. 또한 팀별 토론과 역할 분담 과정은 공동의 목표를 향해 협력하는 경험을 제공하여 조직 내 소통과 안전문화 형성에도 긍정적인 영향을 미칩니다.

◎ 창작 포스터 사례

5.2.21 위험을 읽는 안전보건 표지

작업장의 위험 요소를 정확히 인식하고, 안전보건표지를 활용하여 적절한 안전 조치를 취할 수 있는 능력을 기르는 것이 매우 중요합니다. 그러나 작업 현장에서 "안전보건표지"를 설치하거나 부착하더라도, 학습자들이 그 의미를 제대로 이해하지 못하거나 이를 실제 상황에 적용하는 데 어려움을 겪는 경우가 발생할 수 있습니다. 이러한 문제는 작업장에서의 사고 예방과 안전관리의 효과를 저하시킬 수 있습니다.

이 문제를 해결하기 위해 안전보건표지를 이해하는 활동이 필요합니다.

안전보건표지는 산업안전보건법 제37조에 따라 작업장의 위험 요소를 명확히 전달하고, 적절한 안전 조치를 알리는 역할을 합니다. 학습자들이 이를 학습함으로써, 작업 환경에서 발생할 수 있는 위험 요소를 빠르게 인식하고, 법적 기준에 부합하는 안전문화를 조성할 수 있습니다.

안전보건표지를 이해하는 활동은 학습자들이 각 표지가 나타내는 의미와 목적을 명확히 이해하도록 돕습니다. 이를 통해 작업장에서 위험 요소를 신속히 파악하고 이에 따른 적절한 안전 조치를 취하는 능력을 기를 수 있습니다. 또한, 표지의 법적 요구사항을 이해하고 이를 준수함으로써, 안전한 작업 환경을 조성하는 데 기여할 수 있습니다.

1) 도구

- 안전보건 표지 Set : 안전보건 표지를 카드 형태로 준비합니다.
- 슬라이드 자료 : 해당 조직과 관련된 화학물질 용기, 출입문, MSDS(물질안전보건자료) 등을 설명할 수 있는 시각자료를 준비합니다.

2) 소요 시간

- 15~20분

3) 방법

항목	방법
안전보건 표지 배포	• 팀별 금지, 경고, 지시, 안내 등으로 구성된 안전보건 표지 Set을 배포합니다. • 학습자는 안전보건 표지의 내용을 자유롭게 살펴보고 토론하도록 유도합니다.
상황 제시	• 교육자는 작업장에서 유해하거나 위험한 장소·시설·물질 등에 대한 예시를 슬라이드를 통해 상황을 제시합니다. 　예) '회전기기', '화학물질', '위험장소' 등
표지 선택 및 발표	• 학습자는 교육자가 제시하는 상황에 가장 적합한 안전보건 표지를 팀원과 협의하여 선택합니다. • 교육자는 팀별 선택한 표지를 하나, 둘, 셋 구령과 함께 동시에 제시하도록 유도합니다. • 팀별 발표자는 왜 해당 표지를 선택했는지 설명합니다.
정답 공개 및 피드백	• 교육자는 해당 상황에 가장 적절한 표지를 공개합니다. • 상황에 따라 다양한 해석이 가능함을 인정하고, 타당한 이유가 있을 경우 정답으로 인정합니다. • 학습자에게 추가적으로 적용 가능한 유사 상황을 질문하여 사고의 확장을 유도합니다.

4) 주의사항

- **정답 노출 방지** : 교재나 슬라이드에 정답이 사전에 노출되지 않도록 주의합니다. 이는 학습자들이 스스로 문제를 해결할 수 있도록 하기 위함입니다.
- **충분한 토론 시간 제공** : 팀별로 충분한 토론 시간을 제공하여, 각 팀이 선택한 표지에 대한 이유를 명확히 하고, 팀원들의 의견을 수렴할 수 있도록 유도합니다.
- **시각 자료 활용** : 다양한 시각 자료를 활용하여 학습자들이 표지의 의미를 직관적으로 이해할 수 있도록 합니다.

안전보건 표지를 활용한 학습은 학습자가 시각적 정보를 통해 즉각적으로 위험을 인식하고 적절한 행동을 유도 받을 수 있도록 돕는 효과가 있습니다. 다양한 상황에 적합한 표지를 직접 선택하고 발표하는 과정을 통해 사고 예방에 필요한 판단력을 키우고, 실제 현장에서의 적용 가능성을 높입니다. 또한 팀별 토론과 피드백을 통해 안전의식을 공유하고 자발적인 행동 변화를 유도함으로써 안전문화 형성에 기여하는 학습법입니다.

◆ 안전보건 표지 활동 사례

5.2.22 마술로 전달하는 안전 메시지

학습자들이 학습내용에 흥미를 느끼고 몰입하며 적극적으로 참여할 수 있는 환경을 조성하는 것이 매우 중요합니다. 그러나 강의가 이론 위주로만 진행되거나 학습내용이 일방적으로 전달될 경우, 학습자들이 수업에 흥미를 잃고 몰입하지 못하는 상황이 발생할 수 있습니다. 이는 학습 동기를 저하시켜 학습 효과를 제한하는 결과를 초래할 수 있습니다.

이러한 문제를 해결하기 위해 "교육 마술"을 활용할 수 있습니다.

교육 마술은 마술과 학습내용을 결합하여 학습자들에게 시각적이고 감각적인 자극을 제공하며 학습을 보다 흥미롭고 기억에 남게 만드는 기법입니다. 이를 통해 학습자들은 단순히 수업 내용을 수동적으로 받아들이는 것이 아니라 능동적으로 학습 과정에 참여할 수 있습니다.

교육 마술은 학습자들에게 흥미를 유발하고 수업에 몰입하도록 있도록 돕습니다. 마술 연출과 학습내용을 연결함으로써 학습자들이 내용을 보다 효과적으로 이해하고 기억할 수 있도록 지원하며 학습자들이 마술의 원리를 이해하려는 과정에서 자연스럽게 수업에 참여하도록 유도합니다. 또한, 마술의 독창적인 연출은 학습자들에게 새로운 관점에서 사고할 기회를 제공하고 창의적 사고를 촉진합니다.

1) 도구

- 마술 도구 : 자신 있는 마술 도구(카드, 주사위, 신문, 드롭 링 등)를 준비합니다.
- 음향 : 마술 도중 학습자들에게 들려줄 수 있는 음향을 준비합니다.

2) 소요 시간

- 15~20분

3) 방법

항목	방법
마술선택	• 간단하고 반복 연습이 가능한 마술을 선택합니다. 　**예** '카드 마술', '신문지 마술', '드롭 링 마술', '주사위 마술' 등 교육자가 자신 있는 마술을 선택합니다. 　**Tip** 마술은 안전 메시지와 연결 가능한 상징성을 포함하고 있어야 합니다.
스토리텔링과 마술 결합	• 마술 동작의 흐름에 맞춰 전달하고자 하는 안전 메시지를 구성합니다. 　**예** "우리 주변에는 많은 위험요소가 있습니다. 그러나 여러분과 같이 안전에 대한 의지와 관심이 있다면 더욱 더 안전한 회사가 될 것입니다." 　**Tip** 메시지에는 실제 사례나 현장 경험을 포함시켜 공감대를 형성해야 합니다.
마술시연	• 선택한 마술을 학습자 앞에서 시연하기 위해 준비된 음악을 틀어 분위기를 연출합니다. • 마술 도구를 이용해 차분하고 자연스럽게 준비된 마술을 진행하며 준비된 메시지를 전달합니다. • 필요시 팀별로 마술 도구를 나누어 연습 기회를 제공할 수 있습니다.
피드백과 토론	• 마술을 통하여 전달한 메시지를 학습자에게 질문하며 자율적으로 해석하게 합니다. 　**예** "여러분은 위험요소를 발견했을 때 어떻게 행동하십니까?" • 학습자들 간 의견을 나누고, 교육자는 그 내용을 정리하며 메시지의 핵심을 강조합니다.

4) 주의사항

- **마술의 신비 유지** : 마술의 트릭이나 비밀을 가능한 공개하지 않도록 합니다. 이는 마술의 매력을 유지하고, 학습자들이 상상력과 호기심을 가질 수 있도록 하기 위함입니다.
- **오락 요소 지양** : 마술은 학습자의 흥미를 유발하기 위한 도구일 뿐, 오락 위주로 진행해서는 안 됩니다. 항상 강의 내용과 연관된 메시지를 전달하는 데 초점을 맞추어야 합니다.
- **마술 도구 준비** : 마술에 필요한 도구와 장치를 사전에 충분히 준비하고 실습을 통해

숙달합니다. 이는 강의 중 예상하지 못한 상황을 방지하기 위함입니다.
- **적절한 시간 배분** : 마술 시연은 강의 시간을 초과하지 않도록 적절히 조정합니다. 마술은 강의의 보조적인 요소로, 주된 학습내용 전달에 방해가 되지 않도록 합니다.

마술로 전달하는 안전 메시지는 시각적 흥미와 놀라움을 통해 학습자의 주의를 집중시키고, 안전에 대한 경각심을 자연스럽게 이끌어내는 효과가 있습니다. 단순한 설명보다 기억에 오래 남고, 메시지에 대한 몰입도를 높여 행동 변화를 유도하는 데 효과적입니다. 특히 스토리텔링과 결합된 마술은 감정적 공감을 형성하고, 학습자가 자발적으로 안전의 중요성을 깨닫도록 도와줍니다. 이는 안전교육에 대한 부정적인 인식을 줄이며 창의적이고 즐거운 학습 경험으로 안전문화 확산에 기여합니다.

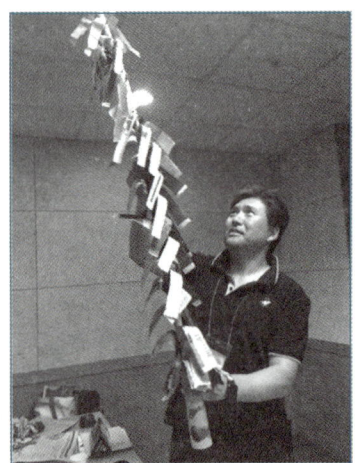

◆ 교육 마술 사례

5.2.23 디지털 시대 스마트 활용 역량

참여형 교수법에서 학습자가 소지한 스마트폰은 다양한 학습 상황에서 유용하게 활용됩니다. 특히 학습자가 능동적으로 참여하고 안전의식을 높일 수 있는 환경에서 효과적입니다. 예를 들어 교육자가 QR코드를 제공하면 학습자는 스마트폰 스캐너로 학습 자료나 동영상을 즉시 열람해 이론과 실제 사례를 쉽게 연결할 수 있습니다. 이러한 과정은 학습내용을 현장에 바로 적용하도록 돕습니다.

스마트폰은 협업과 소통을 강화하는 도구로도 활용됩니다. Google Docs를 통해 팀별로 의견을 실시간 공유하거나 과제를 작성하며 학습에 대한 주도성을 높일 수 있습니다. 또한 학습자의 의견을 청취하거나 학습 효과를 확인할 때 Google 설문지를 활용하면 참여자가 스마트폰으로 간편하게 의견을 제출할 수 있어, 교육자가 즉시 피드백을 수집하고 학습 과정에 반영하기에 적합합니다.

네이버 포털의 음악 듣기는 교육자가 들려주는 음악에 대한 정보를 파악할 수 있으며 사물이나 꽃, 자연 풍경 등에 대해서는 렌즈를 활용하면 쉽게 유사 정보를 파악할 수 있습니다. 이러한 스마트폰 활용은 학습자가 단순히 정보를 수동적으로 받는 것을 넘어 스스로 학습에 참여하고 학습 경험을 풍부하게 만드는 중요한 교육공학적 수단이 됩니다.

1) 도구
   - 스마트폰 : QR코드, 문서 스캔, 설문 참여, 음악검색, 사물확인 등에 활용됩니다.
   - Wi-Fi 주소 : 스마트폰을 원활하게 사용할 수 있도록 지원합니다.

2) 소요 시간
   - 20분

3) 방법

항목	방법
QR코드 활용	• 학습자료 제공 : 교재, 안전수칙, 매뉴얼 등을 QR코드로 연결해 스마트폰으로 즉시 확인하도록 합니다. • 현장 실습 지원 : QR코드를 활용해 설비 사용법이나 사고 영상을 학습자가 직접 찾아보도록 합니다. • 의견 수집과 퀴즈 참여 : Google 설문지나 퀴즈에 QR코드로 접속해 학습자 의견을 쉽게 제출하게 합니다. **Tip** www.mqr.kr에서 QR코드 제작
문서스캔	• 학습 결과 공유 : 학습자들이 종이로 된 과제나 실습 결과 (리치픽처, 마인드맵, 안전관찰 등)를 스캔해 강의용 화면에 띄워 함께 보며 토론하거나 피드백 할 수 있습니다. • 개인 학습 기록 남기기 : 학습자들이 자신이 작성한 노트나 학습자료를 스캔해 개인 포트폴리오로 정리하고 이후 복습에 활용할 수 있습니다. **Tip** 스마트폰 앱 "CamScanner" 활용
음악 검색	• 음악준비 : 교육자는 강의시간에 학습자들에게 들려줄 음악을 준비합니다. • 음악공유 : 음악을 학습자에게 들려주고 이렇게 말합니다. **예** 여러분 이 음악의 제목과 가수는 누구일까요? • 음악검색 : 학습자들은 각자 스마트 폰을 이용하여 실시간 흘러나오는 음악에 대한 제목과 가수를 검색합니다. **Tip** 스마트폰 → 네이버 → 음악에서 검색 • 포상 : 스피드하게 정답을 맞춘 학습자에게 포상합니다.
사물 확인	• 사물준비 : 교육자는 학습자들에게 보여줄 사물을 준비합니다. **예** 야생화 '얼레지' • 사물공유 : 교육자는 준비된 사물을 학습자에게 보여주고 이렇게 말합니다. **예** 화면에 보이는 야생화의 이름과 꽃말은 무엇일까요? • 사물검색 : 학습자들은 각자 스마트폰을 이용하여 화면에 보이는 꽃의 이름과 꽃말을 찾습니다. **Tip** 스마트폰 → 네이버 → 스마트 렌즈(Smart Lens)에서 검색 • 포상 : 스피드하게 정답을 맞춘 학습자에게 포상합니다.

4) 주의사항

- **기기 사용 전 사전 확인 필요** : 수업 시작 전 학습자들의 스마트기기 사용 가능 여부와 인터넷 연결 상태를 점검해야 합니다. 기기 이상이나 네트워크 오류는 활동 몰입에 장애가 될 수 있습니다.
- **디지털 격차 고려** : 학습자 간 스마트기기 활용 능력에 차이가 있을 수 있으므로 기초 기능 설명을 먼저 제공하고 속도에 맞춘 개별 지원이 필요합니다.
- **지나친 기능 사용 자제** : 너무 많은 앱이나 기술 도구를 한꺼번에 사용하면 오히려 혼란을 줄 수 있으므로 핵심 기능 중심으로 구성하고 단계별로 활용법을 소개해야 합니다.
- **산만함 예방을 위한 통제 필요** : 학습 중 개인 용도로 스마트기기를 사용하는 사례를 방지하기 위해 활동 중심의 진행과 주기적인 확인이 필요합니다.
- **개인정보 및 보안주의** : 온라인 플랫폼 사용 시 개인정보 노출이나 사진 공유 등 보안 문제에 대한 안내가 선행되어야 하며 안전한 사용 환경을 강조해야 합니다.

참여형 교수법에서 스마트폰 활용역량은 학습자가 주도적으로 학습에 참여하고 협업하며 지식을 창출하는 데 필수적인 요소입니다. 스마트폰은 정보 검색, 자료 촬영·스캔, 실시간 공유, 즉각적 피드백 등 다양한 학습 활동을 즉시 수행할 수 있도록 지원합니다. 이를 통해 학습자는 단순히 정보를 전달받는 수동적 태도를 넘어서 학습 과정을 설계하고 결과를 시각화하며 동료와 소통하는 능동적 학습자가 됩니다. 또한 학습 결과물을 디지털화해 체계적으로 보관·관리함으로써 학습 지속성과 성찰을 촉진할 수 있습니다. 디지털 도구의 활용은 학습 몰입도와 동기 부여를 높여 안전보건교육 등 실천적 교육에서 학습 효과를 극대화하며 스마트폰 활용역량은 디지털 시대에 학습자의 전문성과 경쟁력을 높이는 핵심 역량으로 자리 잡고 있습니다.

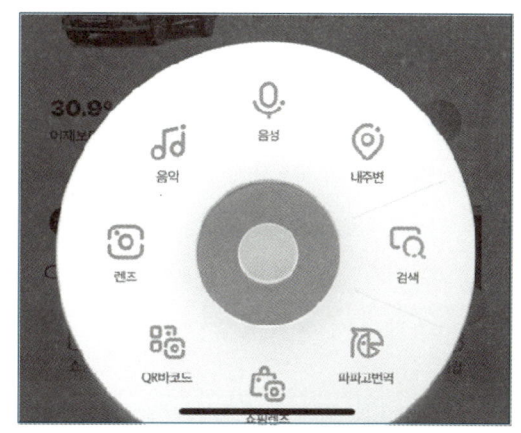

◆ 네이버 스마트 렌즈

5.2.24 음악으로 전하는 안전 메시지 Safety Concert

참여형 교수법에서는 학습자들에게 안전의 중요성을 단순히 지식으로 전달하는 것을 넘어, 이를 감성적으로 공감하고 실질적인 행동으로 연결하는 것이 중요합니다. 그러나 이론 중심의 안전교육은 학습자들에게 추상적이고 딱딱하게 다가갈 수 있어 안전의 가치를 충분히 이해하거나 이를 실천하려는 동기를 부여하지 못하는 경우가 발생할 수 있습니다. 이는 학습자들의 안전의식을 내면화하는 데 한계를 초래할 수 있습니다.

이러한 문제를 해결하기 위해 "Safety Concert" 활동이 필요합니다. Safety Concert는 교육자가 연주를 통해 학습자들에게 감동적인 경험을 제공하고, 곡에 담긴 안전과 관련된 메시지를 전달하여 학습자들이 안전의 중요성을 감성적으로 공감하고 이해할 수 있도록 돕는 활동입니다.

Safety Concert를 통해 학습자들은 교육자의 연주를 감상하며 안전의 가치를 감성적으로 받아들이고, 이를 행동으로 실천해야 할 필요성을 느낍니다. 연주에 담긴 메시지는 학습자들에게 안전의 중요성을 깊이 각인시키며 몰입감을 높여 학습 동기를 강화합니다. 또한, 이러한 활동은 학습자들이 안전을 공동의 가치로 인식하고 이를 주변 사람들과 공유하며 안전문화를 확산시키는 데 기여할 수 있습니다.

1) 도구

- **악기** : 교육자가 연주할 수 있는 악기(하모니카, 피리, 클라리넷, 기타 등)를 준비합니다.
- **악보** : 연주에 사용할 악보와 여분의 악보를 준비합니다.
- **음향 장비** : 마이크와 스피커 등 음향 장비를 사전에 점검합니다.
- **조명 장비** : 음악과 스토리에 맞는 분위기 연출을 위해 강의 전에 점검합니다.

2) 소요 시간

- 20~30분

3) 방법

항목	방법
사전 준비	• 강의 주제와 관련된 과거 사건을 선택합니다. • 사건에 대한 상세한 자료와 시각 자료(사진, 동영상)를 준비합니다. • 사건의 분위기와 메시지에 맞는 악기와 악보를 준비합니다. **예** 천개의 바람이 되어(세월호 사고), 담쟁이 넝쿨별(화성 씨랜드 사고), My Heart Will Go On(타이타닉 사고), 가족사진, 만약에, 바람의 노래, 살다가 등
콘서트 구성	• 교육자는 Safety Concert의 목적과 프로그램을 소개합니다. • 선정된 사건에 대한 배경, 사고 과정, 결과 및 교훈을 설명합니다. 이때 프로젝터와 스크린을 활용하여 시각 자료를 함께 제공합니다. • 연주 시작 전 조명을 조절한 후 준비된 연주를 진행합니다. **Tip** 성악가에 의한 공연은 콘서트의 의미를 더 풍부하게 만들 수 있습니다. • 연주가 끝난 후 사건에서 얻을 수 있었던 교훈과 안전의 중요성을 다시 한 번 강조합니다. 이를 통해 학습자들이 사건의 의미를 깊이 이해하고 안전의 중요성을 생각할 수 있습니다.
질의응답	• 연주와 설명이 끝난 후 학습자들과 질의응답을 진행합니다. 학습자들이 사건과 음악에 대해 자유롭게 질문하고 의견을 나눌 수 있도록 유도합니다. • 만약 앵콜 송을 대비하여 적절한 예비곡을 준비할 수 있습니다.

4) 주의사항

- **오락적 요소 최소화** : 교육 목적이 흐려지지 않도록 오락적인 요소를 최소화하고 교육적 메시지 전달에 집중해야 합니다. 음악은 교육적 효과를 높이는 보조 수단으로 활용합니다.
- **사건의 감성적 접근** : 사건의 비극성과 교훈을 강조하여 학습자들이 감성적으로 공감할 수 있도록 합니다.

- **철저한 장비 점검** : 악기, 악보, 음향 및 조명 장비를 강의 시작 전에 철저히 점검하기 위해 리허설을 통해 정상 작동을 확인합니다.
- **상황에 맞는 연주** : 사건의 분위기와 일치하는 곡을 선정하여 연주합니다. 연주의 분위기가 사건의 교훈과 맞아야 학습자들에게 더욱 강렬한 인상을 남길 수 있습니다.
- **학습자의 민감한 부분** : 학습자 중에서 해당 사건과 관련하여 해결하지 못하는 민감한 부분에 대해서도 주의를 기울여야 합니다. 따라서 사건에 대한 편향된 해석은 주의해야 합니다.

Safety Concert는 음악과 공연을 통해 안전 메시지를 감성적으로 전달함으로써 학습자의 관심과 몰입도를 높이는 데 효과적입니다. 반복적인 메시지도 예술적 표현을 통해 새롭게 받아들여지며 감성적 공감대를 형성해 기억에 오래 남습니다. 특히 집단 참여를 통해 공동체 의식을 고취시키고 안전을 함께 지켜야 할 가치로 인식하게 합니다. 공연에 직접 참여하거나 관람하는 과정에서 학습자 스스로 안전의 중요성을 체감하며 행동 변화를 유도할 수 있습니다. 이는 일상 속에서도 자발적인 안전 실천으로 이어지도록 돕는 창의적이고 강력한 교육 방식입니다.

◆ Safety Concert 사례

| 5.2.25 | 협업과 창의성의 공간 Padlet 활용법 |

학습자들이 서로 협력하고 창의적으로 사고하며 학습 과정에 능동적으로 참여하는 것이 매우 중요합니다. 그러나 전통적인 강의 방식에서는 학습자들이 자신의 아이디어를 즉각적으로 공유하거나 동료들과 실시간으로 협업하기 어려운 경우가 자주 발생합니다. 이는 학습자들 간의 상호작용을 제한하고, 창의적인 아이디어를 발전시키는 데 장애가 될 수 있습니다. 이러한 문제를 해결하기 위해 "Padlet"을 활용합니다. Padlet은 학습자들이 디지털 공간에서 텍스트, 파일, 링크, 이미지, 오디오 기록 등 다양한 형식으로 아이디어를 실시간으로 공유하고 이를 기반으로 협업할 수 있도록 돕는 도구입니다. 학습자들은 Padlet을 통해 자신의 의견을 쉽게 표현할 수 있을 뿐만 아니라 동료들의 아이디어를 실시간으로 보며 새로운 관점을 얻고 학습내용을 더욱 풍부하게 발전시킬 수 있습니다.

Padlet은 학습자들이 자신의 아이디어를 실시간으로 공유하며 협력할 수 있는 환경을 제공합니다. 이를 통해 학습자들은 서로의 아이디어를 바탕으로 창의적으로 사고하고 학습내용에 대해 보다 깊이 이해할 수 있습니다. 또한, 모든 학습자가 동등하게 참여할 수 있는 기회를 제공하여 강의 중 상호작용과 참여를 촉진합니다. Padlet에 정리된 아이디어는 학습내용을 한눈에 볼 수 있도록 시각화하여 학습자들이 학습 주제를 명확히 이해하는 데 도움을 줍니다.

1) 사용 도구

- **디바이스** : 교육자(컴퓨터)와 학습자(스마트폰)는 인터넷에 연결된 디바이스를 준비합니다.
- **Padlet 계정** : Padlet의 기본 기능을 사용하기 위해 교육자는 회원 가입이 필요합니다. 활용할 수 있는 Padlet은 무료 계정 3개, Gold 계정은 20개, Platinum 계정은 무제한으로 Padlet을 만들 수 있습니다.

2) 소요 시간

- 해당 세션에 따름

3) 활용 방법

항목	방법
강의 기획	• 교육자는 강의를 기획할 때 Padlet을 활용할 학습과정을 결정합니다. 　**예** 행동기반안전관리(BBS)에 대한 실습 과정
Padlet 준비	• 교육자는 'Padlet 만들기'를 통하여 빈 Padlet을 준비합니다. • '새 게시판'에서 제목과 형식을 선택하고, '컬럼'을 지정한 후 완료를 클릭합니다. • 섹션에서 각 팀명과 과제를 입력합니다. 　**예** 1팀_고소작업, 2팀_밀폐공간작업, 3팀_하역운반 작업 등 섹션을 추가합니다. • 오른쪽 바퀴 모양을 클릭하여 머리글, 디자인, 레이아웃, 참여도, 콘텐츠, 고급 등을 설정합니다.
Padlet 공유	• 교육자는 해당 Padlet에 대한 URL 또는 QR코드를 학습자들에게 공유합니다. 　**Tip** QR 코드를 만들 때는 mqr.kr을 활용하고 URL은 가능한 짧게 줄여서 QR코드의 가독성을 높입니다.
과제 진행	• 각 학습자는 팀별 제시된 과제에 대하여 토론하고 결과를 정리합니다. • 해당 팀명 아래 '+'를 클릭하여 제목과 함께 토론 결과(파일, 링크, 이미지, 오디오 기록 등)를 입력합니다.
팀별 발표	• 교육자는 과제 완료 결과를 확인하고 팀별 발표 시간을 갖습니다. • 발표는 Padlet 메뉴에 있는 '재생 버튼'을 클릭하면 팀별 활동 결과가 발표 형식으로 생성됩니다.
질의응답	• 발표가 끝난 후 발표자와 학습자들과 질의응답을 진행합니다. • 교육자는 직접적인 평가나 질의응답에 참여하는 것보다 효과적인 운영에 집중합니다.

4) 주의사항

- 개인정보 보호 : 학습자의 이름이나 개인정보 공개에 불편을 느끼는 학습자에 대해서는 익명성을 유지할 수 있습니다.
- 명확한 지침 제공 : 활동 목적과 방법을 명확히 설명하여 학습자들이 혼란 없이 참여할 수 있도록 합니다.
- 부적절한 내용 관리 : 게시된 내용이 수업 목적에 적합한지 모니터링하고 부적절한 게시물은 즉시 삭제하여 학습 환경을 유지합니다.
- 참여 유도 : 모든 학습자가 적극적으로 참여할 수 있도록 다양한 방식의 질문과 피드백을 제공합니다.
- 팀별 활동 : 팀별 활동이 필요한 경우 팀별 별도의 URL을 생성하여 공유합니다.

Padlet은 학습자들이 협업과 창의성을 발휘하며 학습 과정에 능동적으로 참여할 수 있도록 지원하는 효과적인 도구입니다. 교육자는 Padlet을 활용하여 학습자들이 자신의 아이디어를 자유롭게 표현하고 동료들과 협력하며, 학습 목표를 효과적으로 달성할 수 있도록 도와야 합니다. 이를 통해 학습자들은 더 활발하고 창의적인 학습 환경에서 풍부한 학습 경험을 누릴 수 있습니다.

◆ Padlet 활용 사례

5.2.26 효율적인 그룹 대화 카카오 오픈채팅

학습자들이 강의 중이나 학습 활동 과정에서 활발히 소통하며 협력할 수 있는 환경을 조성하는 것이 중요합니다. 그러나 강의실 내에서 학습자들이 동시에 의견을 공유하거나 논의할 수 있는 시간이 제한적일 수 있고 강의가 끝난 이후에는 소통이 지속되지 않을 수 있습니다. 이러한 상황은 학습자들 간의 상호작용을 저하시켜 학습 목표를 달성하는 데 방해가 될 수 있습니다.

이 문제를 해결하기 위해 "카카오 오픈채팅" 활용이 필요합니다.

카카오 오픈채팅은 학습자들에게 실시간 소통의 기회를 제공합니다. 학습자들은 강의 중에도 질문이나 의견을 바로 공유할 수 있으며 그룹 대화를 통해 공동 과제를 논의하거나 아이디어를 발전시킬 수 있습니다. 또한, 별도의 연락처 공유 없이도 그룹을 형성할 수 있어 편리하게 의사소통할 수 있습니다. 강의가 종료된 이후에도 대화를 이어가며 학습내용을 심화하고 공유할 수 있는 지속적인 학습 환경을 제공합니다.

1) 사용 도구

- 카카오톡 애플리케이션 : 스마트폰 또는 PC에 설치된 카카오톡 앱을 설치합니다.
- Wi-Fi 주소 : 스마트폰 또는 PC가 원활하게 사용할 수 있도록 Wi-Fi 네트워크 정보를 제공합니다.

2) 소요 시간

- 5분

3) 방법

항목	방법
로그인	• 교육자는 자신의 카카오톡 계정에 로그인합니다.
오픈채팅방 개설	• 카카오톡 채팅창에서 하단의 '오픈채팅' 메뉴를 탭합니다. • 오픈채팅 상단 말풍선 이모티콘에서 '그룹채팅'을 탭하고 '채팅방 이름'을 입력합니다. • 주제는 여러 가지 주제 중 '자기개발'을 탭합니다. • '참여 설정', '검색 허용', '입장 조건'을 필요에 따라 설정합니다. • '커버 미리보기'에서는 랜덤 이미지, 앨범 사진 또는 카메라를 통하여 새 커버를 만들 수 있습니다. • '그룹 채팅방 만들기' 또는 '완료'를 탭하면 오픈채팅방이 개설됩니다.
학습자 참여	• 학습자 참여를 위하여 상단 공유하기 버튼에서 'QR코드' 또는 '링크'를 통하여 학습자와 공유할 수 있습니다. **Tip** 교육자는 사전 오픈채팅방을 개설한 후 QR코드를 강의 슬라이드에 저장해 두면 시간을 줄이고 준비된 모습을 보여줄 수 있습니다.
그룹채팅 이용	• 실시간 소통과 피드백 제공 : 학습자들이 실시간으로 질문하거나 의견을 제시하면 교육자는 즉각적인 피드백을 제공하고, 학습자 간의 활발한 상호작용을 유도할 수 있습니다. • 자료 공유 및 공지 : 수업 자료, 과제, 공지사항 등을 그룹 채팅방에 쉽게 공유할 수 있습니다. • 그룹 활동 지원 : 조별 토론이나 과제 진행 시 학습자들이 자유롭게 의견을 교환하고 협업할 수 있습니다. • 부가기능 : 채팅방 하단 '+' 버튼 또는 우측 하단 '해시태그(#)'를 탭하면 다양한 부가기능을 사용할 수 있습니다.

4) 주의사항

- **개인정보 보호** : 채팅방에 참여하는 학습자들의 개인정보를 보호해야 합니다. 휴대폰 번호, 주소 등 민감한 정보가 유출되지 않도록 주의하고, 필요시 익명성을 유지할 수 있는 별명 사용을 권장합니다.
- **목적에 맞는 대화** : 채팅방의 목적과 관련 없는 대화는 자제하고 주제에 맞는 내용을

공유하도록 유도합니다.
- **알림 설정** : 채팅방의 알림이 빈번하면 불편을 줄 수 있으므로 필요에 따라 알림을 설정하거나 조절하여 업무나 학습에 방해가 되지 않도록 합니다.
- **비속어나 부적절한 표현 금지** : 모든 학습자가 존중받을 수 있도록 비속어, 부적절한 농담, 공격적인 표현은 피하고 상대방을 배려하는 언어를 사용합니다.
- **자료 관리** : 중요한 자료나 파일을 채팅방에 올릴 때는 정리된 형태로 올리고 자료가 많을 경우 폴더나 클라우드 링크를 사용합니다.

카카오 오픈채팅은 참여형 교수법에서 학습자 간의 실시간 상호작용과 자발적 소통을 촉진하는 강력한 도구입니다. 특히 안전보건교육과 같은 실천 중심 학습에서는 교육 이후에도 학습자들이 정보를 공유하고 서로의 경험을 나누며 학습내용을 일상 속에 내재화할 수 있도록 돕습니다. 오픈채팅은 익명성과 접근성이 뛰어나 학습자가 부담 없이 의견을 표현할 수 있는 환경을 제공합니다. 이를 통해 학습자는 다양한 시각을 접하고 비판적 사고를 확장할 수 있으며 교육 이후에도 공동체 기반의 지속적 학습이 가능해집니다. 또한 질문 응답, 퀴즈 공유, 피드백 수렴 등 다양한 실시간 활동이 가능하여 교육 효과를 극대화하는 데 기여합니다. 이처럼 카카오 오픈채팅은 디지털 시대에 적합한 참여형 교수법의 확장 도구로써 학습의 자율성, 몰입도, 실천력을 높이는 데 매우 효과적인 방법입니다.

5.2.27 미래를 바꾸는 기술 인공지능(AI) 활용법

학습자들이 미래의 기술 환경에 적응하고 인공지능(AI)을 활용하여 창의적이고 실질적인 문제 해결 능력을 갖추는 것이 중요합니다. 그러나 많은 학습자가 AI에 대한 이해가 부족하거나 이를 실무와 학습 환경에서 어떻게 적용해야 할지 모르는 경우가 있습니다. 이러한 상황은 학습자들이 기술 변화에 뒤처지거나 AI가 제공하는 기회를 제대로 활용하지 못하게 만드는 원인이 될 수 있습니다. 이러한 문제를 해결하기 위해 "인공지능(AI) 활용법" 강의가 필요합니다. 이 강의는 학습자들에게 AI 기술의 기본 원리와 활용 방법을 가르치고 이를 실무와 학습에 응용할 수 있는 능력을 배양하는 것을 목표로 합니다. 학습자들은 AI를 통해 복잡한 문제를 해결하고 창의적인 아이디어를 실현하며, 기술 발전에 따른 새로운 기회를 탐색할 수 있는 역량을 얻게 됩니다. 그러나 AI 기술 의존성, 개인정보 보호, 도구의 한계 등 주의사항을 고려해야 하며, 학습자들의 비판적 사고와 디지털 역량을 함께 함양하는 것이 더욱 중요합니다.

1) 사용 도구

- **글쓰기 & 추론** : 주제어에 대한 프롬프트에 따라 스토리를 가진 문장을 완성해주는 기능으로 대규모 언어 모델 기반의 인공지능입니다. 예) ChatGPT, Perplexity, Cladue, Gemini, Grok 등
- **이미지 생성** : 만들고 싶은 주제에 대한 프롬프트에 따라 이미지를 완성해주는 인공지능입니다. 예) Midjourney, ImageFX, Recraft, DALL E, Sora 등
- **프레젠테이션 생성** : 주제어, 질문, 문장 또는 URL링크를 통하여 프레젠테이션을 만들어 주는 인공지능입니다. 예) Gamma, Felo, Genspark 등
- **음악/BGM** : 사용자가 텍스트 프롬프트를 입력하면 고품질 음악이나 BGM을 자동 생성하는 인공지능 서비스입니다. 예) Suno AI, TopMedi AI 등
- **영상 제작** : 영상 편집, 음성 더빙, 자막 삽입 등 가상의 아바타가 자연스러운 음성과

표정으로 영상 콘텐츠를 제작해줍니다. 예) AI STUDIOS, Vrew 등
- 웹 페이지 제작 : 코딩을 몰라도 누구나 웹 페이지를 만들 수 있는 인공지능 서비스입니다. 예) Readdy, Wix AI, Hostinger AI, Felo
- 학습관리 : 작업관리와 문서작성 및 학습을 지원하는 인공지능 서비스입니다.
  예) Notion AI, NotebookLM

2) 소요 시간

- 2시간 이상

3) 방법

항목	AI 활용 방법
글쓰기 & 출론	1. ChatGPT : 창의적이고 자연스러운 문체로 다양한 장르의 글쓰기에 뛰어나며, 대화형 피드백을 통해 글을 점진적으로 개선하는 데 강점이 있습니다. 2. Perplexity : 실시간 웹 검색 기능을 활용해 최신 정보와 출처를 포함한 사실 기반의 정확한 글쓰기에 특화되어 있습니다. 3. Claude : 긴 문서 처리와 구조화된 글쓰기에 뛰어나며 윤리적이고 균형 잡힌 관점으로 심층적인 분석 글을 작성하는 데 강점이 있습니다. 4. Gemini : Google의 방대한 지식베이스를 활용한 정보 통합 능력이 우수하며, 멀티모달 기능으로 이미지와 텍스트를 연계한 창의적 글쓰기가 가능합니다. 5. Grok : X(트위터) 데이터를 기반으로 한 실시간 트렌드 파악과 유머러스하고 개성 있는 문체의 소셜 미디어 친화적 글쓰기에 특화되어 있습니다.
이미지 생성	1. Midjourney : 예술적이고 환상적인 스타일의 고품질 이미지를 생성하는 데 특화되어 있으며 특히 컨셉 아트와 일러스트레이션 분야에서 뛰어난 결과물을 제공합니다. 2. ImageFX : Google의 기술력을 바탕으로 사실적이고 정교한 이미지 생성이 가능하며, 직관적인 인터페이스로 초보자도 쉽게 사용할 수 있습니다. 3. Recraft : 벡터 그래픽과 일관된 브랜드 스타일의 이미지 생성에 강점이 있으며, 로고나 아이콘 같은 디자인 요소 제작에 특화되어 있습니다. 4. DALL-E : OpenAI의 언어 모델과 연계된 뛰어난 텍스트 이해 능력으로 복잡한 설명도 정확하게 시각화하며 창의적이고 독특한 조합의 이미지 생성에 강점이 있습니다. 5. Sora : 텍스트 프롬프트로 고품질 동영상을 생성하는 혁신적인 AI 도구로, 영화 같은 시각적 스토리텔링과 복잡한 장면 연출이 가능합니다.

5.2 참여형 교수법 실천 가이드

항목	AI 활용 방법
프레젠테이션 생성	1. Gamma : AI 기반으로 몇 분 안에 일관된 브랜딩의 멋진 슬라이드를 생성하며 PPT, Google Slides 등으로 내보내기가 가능한 종합적인 프레젠테이션 제작 도구입니다. 2. Felo : 실시간 웹 검색과 AI 검색 엔진을 활용해 최신 정보를 자동으로 수집하고 구조화된 프레젠테이션과 마인드맵을 생성하며 문서 업로드를 통한 PPT 변환 기능에 특화되어 있습니다. 3. Genpark : 텍스트나 이미지 등의 기존 자료를 바탕으로 디자인 요구사항을 반영하여 전문성에 맞는 맞춤형 슬라이드를 생성할 수 있습니다.
음악 / BGM 제작	1. Suno AI : 텍스트 프롬프트만으로 보컬과 악기를 포함한 완전한 곡을 생성하는 AI 음악 도구로, 전문가 수준의 오디오 품질과 다양한 장르 지원을 통해 누구나 쉽게 음악을 창작할 수 있게 해줍니다. 2. TopMedi AI : 가사나 설명, 이미지 입력을 통해 로열티 프리 음악을 생성하며, 특히 BGM과 배경음악 제작에 특화되어 있고 200여 가지 음악 스타일과 6,000개 이상의 AI 보이스를 제공하는 종합 음악 창작 플랫폼입니다.
영상 제작	1. AI STUDIOS : 텍스트 입력만으로 실제 같은 AI 아바타와 다국어 음성을 활용해 전문적인 영상을 생성하는 올인원 AI 영상 제작 플랫폼으로 마케팅, 교육, 소셜미디어 콘텐츠 제작에 특화되어 있습니다. 2. Vrew : 문서 편집하듯 텍스트 기반으로 영상을 편집할 수 있는 AI 도구로 자동 자막 생성, AI 이미지 생성, AI 음성 합성 등의 기능을 통해 초보자도 쉽고 빠르게 전문적인 영상을 제작할 수 있게 해줍니다.
웹 페이지 제작	1. Readdy : AI와 자연어 대화를 통해 드래그 앤 드롭 없이 웹사이트를 제작할 수 있는 도구로, 텍스트 설명만으로 전문적인 디자인과 깔끔한 코드를 동시에 생성하며 즉시 퍼블리싱하거나 Figma 파일로 내보낼 수 있습니다. 2. Wix AI : 가장 포괄적인 AI 기능을 제공하는 플랫폼으로, 대화형 인터페이스로 웹사이트를 생성하고 AI 텍스트 생성, 이미지 편집, SEO 최적화 등 다양한 AI 도구를 제공합니다. 3. Hostinger AI : 초보자에게 특히 친화적이며 질문에 답변하면 AI가 자동으로 로고, 콘텐츠, 디자인까지 생성해주는 올인원 솔루션입니다.
학습관리	1. Notion AI : 문서 작성, 아이디어 정리, 회의록 요약, 번역, 콘텐츠 생성 등을 자동화하여 생산성을 높여주는 도구입니다. 2. NotebookLM : 사용자의 문서와 노트에서 정보를 학습해 오디오 오버뷰, 동영상, 마인드맵, 보고서, 퀴즈 등을 통하여 학습에 최적화된 인공지능입니다.

4) 주의사항

- **기술 의존성에 대한 경계** : AI 도구에 과도하게 의존하면 학습자들의 사고력이나 문제 해결 능력을 저해할 수 있습니다. AI는 보조 도구로써 학습을 돕는 역할을 해야 하며 학습자 스스로 사고하고 창의적으로 해결할 수 있는 기회를 제공하는 것이 중요합니다.
- **개인정보 보호 및 보안** : AI 기반 도구를 사용할 때는 학습자의 개인정보가 수집되거나 저장될 수 있습니다. 강의에서 사용하는 AI 프로그램이 학습자의 데이터를 안전하게 처리하고, 불필요한 데이터 수집을 하지 않도록 주의해야 합니다.
- **AI 도구의 한계 이해** : AI가 모든 문제를 완벽하게 해결해 주는 것은 아니므로 AI 도구의 성능 한계를 이해하고 이를 보완할 필요가 있습니다. 예를 들어, 자동 자막 생성이나 음성 인식 기능에서 오류가 발생할 수 있으며 학습자는 이러한 오류를 감지하고 수정하는 방법을 배워야 합니다.
- **학습자의 디지털 격차 고려** : 모든 학습자가 AI 기술에 익숙하지 않을 수 있습니다. AI 도구 사용법에 차이가 생기면 학습 효과에 불균형이 발생할 수 있으므로 학습자들에게 충분한 교육과 지원을 제공하여 AI 도구 사용에 어려움이 없도록 해야 합니다.
- **비판적 사고 능력 함양** : AI가 제공하는 정보나 결과는 반드시 옳다고 단정지어서는 안 됩니다. 학습자들이 AI가 생성한 자료나 결과를 비판적으로 분석하고 그 정확성이나 적합성을 평가하는 능력을 기르는 것이 중요합니다.

결론적으로, 인공지능(AI) 활용법은 학습자들이 AI 기술을 이해하고 이를 실질적으로 활용하여 문제를 해결하며 기술 변화 속에서 성공적으로 적응할 수 있도록 지원하는 필수적인 학습 활동입니다. 교육자는 이 강의를 통해 학습자들이 AI를 창의적이고 효과적으로 활용하여 학습 목표와 실무 성과를 달성할 수 있도록 도와야 합니다. 이를 통해 학습자들은 미래를 준비하는 핵심 역량을 갖추게 될 것입니다.

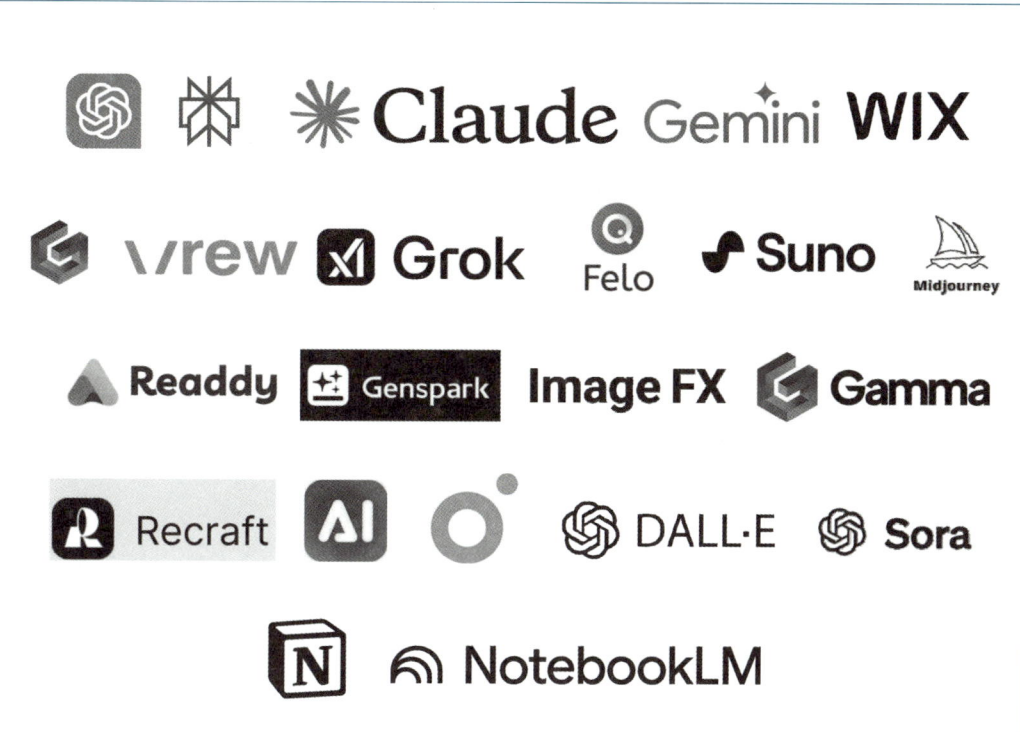

인공지능(AI) 도구 사례

5.2.28 스토리부터 편집까지 영상 제작 기술

참여형 교수법에서는 학습자들이 자신들의 아이디어를 창의적으로 표현하고 효과적으로 전달할 수 있는 역량을 기르는 것이 매우 중요합니다. 하지만 학습자들이 텍스트나 구두로만 의사소통하려고 할 때, 복잡한 내용을 충분히 설명하지 못하거나 정보 전달이 비효율적으로 이루어지는 경우가 발생할 수 있습니다. 이러한 상황은 학습자들의 창의성 발휘와 효과적인 의사소통 능력을 제한할 수 있습니다. 이 문제를 해결하기 위해 "영상 제작 기술"을 배우는 활동이 필요합니다. 영상 제작 기술은 <u>스토리 구상, 촬영, 편집 등 영상 제작의 모든 과정을 학습하며 이를 통해 아이디어를 시각적으로 표현하고 전달하는 능력을 강화하는 학습 방법입니다.</u> 학습자들은 이 활동을 통해 복잡한 내용을 더욱 명확하고 설득력 있게 전달할 수 있는 역량을 갖추게 됩니다. 영상 제작 기술 학습은 학습자들에게 창의적 사고를 자극하고, 자신의 아이디어를 스토리와 영상을 통해 표현할 수 있는 기술을 제공합니다. 또한, 촬영과 편집을 통해 실무적으로 활용 가능한 기술을 익히며 학습 및 실무 환경에서 이를 활용하여 성과를 높일 수 있습니다.

1) 사용 도구

- 스토리보드 : 시각적 콘텐츠 제작 시 장면별로 이야기의 흐름을 정리한 영상 콘텐츠 제작 설계도를 준비합니다.
- 스마트폰 : 고품질 영상 촬영을 위한 전문 장비보다는 스마트폰을 이용한 촬영을 권장하며 조명, 마이크 등도 스마트폰으로 촬영할 경우 문제를 해결할 수 있습니다.
- 슬레이트 : 영상 촬영 시 장면 정보를 기록하고 오디오와 영상을 동기화하는 도구로, 후반 편집을 쉽게 하는 역할을 합니다.
- 영상편집 소프트웨어 : 스마트폰 앱으로 KineMaster 또는 VivaVideo 앱을 사용합니다.

2) 소요 시간

- 3시간

3) 방법

항목	방법
제작요령 소개	• 물리적 공간과 안전수칙 안내 : 영상 촬영을 위한 물리적 공간을 결정하고 촬영 도중 안전수칙을 안내합니다. 　**예** 물리적 공간은 건물 내 또는 지정된 공간으로 한정합니다. • 제작 단계 소개 : 준비 단계, 촬영 단계 및 후반 작업 단계로 구분하여 각 단계별 진행 절차를 소개합니다. • 편집 앱 소개 : 스마트폰 내에서 편집할 수 있는 앱(App) 사용 방법을 소개합니다.
사전 준비 단계 (Pre-Production)	• 아이디어 개발과 기획 : 팀 리더를 중심으로 주제와 목표를 정하고 누구에게 어떤 내용을 전달할지 함께 고민해 방향을 정합니다. • 시나리오 작성 : (필요시) 영상에 담을 이야기를 정리해 시나리오를 만들고 쉽게 이해할 수 있도록 내용을 다듬습니다. • 스토리보드 작성 : 시나리오를 바탕으로 장면에 대한 간단한 스케치를 통하여 영상이 어떻게 진행될 지 한눈에 볼 수 있게 합니다. • 캐스팅 및 촬영 장소 : 필요한 역할에 어울리는 사람을 정하고 교육자와 합의한 물리적 공간에서 촬영할 장소를 선택합니다.
촬영 단계 (Production)	• 촬영 : 스마트폰을 사용하여 시나리오와 스토리보드를 활용해 촬영을 진행합니다. 　**Tip** ① 촬영 전 리허설을 실시하고 촬영 용도에 맞게 가로, 세로 촬영을 진행합니다. 　② 전체를 담는 마스터 샷, 자세히 보여주는 클로즈업, 장소를 소개하는 설정 샷을 고루 찍습니다. 　③ 촬영 시작과 종료 시에는 3초 정도 여유를 확보합니다.
후반 작업 단계 (Post-Production)	• 영상 편집 : 촬영한 영상을 순서에 맞게 이어 붙이고 불필요한 부분은 잘라내어 깔끔하게 만듭니다. • 시각 효과 – 자막 : 필요한 장면에 효과나 자막을 넣어 내용을 더 이해하기 쉽게 합니다. • 음향 편집 : 배경음악과 효과음을 넣어 영상에 생동감을 더합니다. • 최종 검토 – 배포 : 완성된 영상을 다시 확인하고 플랫폼에 맞게 저장해 공유합니다.
시사회 및 우수작 선정	• 시사회 개최 : 모든 팀이 완성된 영상을 함께 시청하며 서로의 영상을 공유합니다. • 피드백 나누기 : 참가자들이 느낀 점과 개선 의견을 자유롭게 이야기합니다. • 우수작 선정 : 교육자와 학습자가 함께 우수작을 뽑아 발표하고 시상합니다.

4) 주의사항

- 배터리와 저장 공간 확인 : 촬영 전 스마트폰의 배터리와 저장 공간을 충분히 확보해야 합니다.
- 배경정리 : 불필요한 물건을 치우고 깔끔한 공간에서 집중도 높은 촬영을 합니다.
- 안정적인 촬영 환경 확보 : 흔들림 방지나 화질, 오디오 등의 품질을 유지하기 위해 최신 사양의 스마트폰 사용을 권장합니다.
- 적절한 조명 활용 : 스마트폰 카메라는 조명에 민감하므로 자연광이나 추가 조명을 활용해 촬영 대상이 잘 보이도록 해야 합니다.

영상 촬영은 참여형 교수법에서 학습자들의 능동적 참여를 유도하고 창의적 사고를 촉진하는 중요한 도구입니다. 학습자들이 직접 시나리오를 작성하고, 촬영 및 편집 과정을 경험함으로써 문제 해결 능력과 협업 능력이 강화됩니다. 또한, 촬영한 영상을 발표하고 피드백을 받는 과정에서 자기 성찰과 지속적인 학습이 이루어집니다. 시각적 콘텐츠 제작을 통해 학습내용이 더욱 생동감 있게 전달되며, 학습자들은 실습을 통해 이론을 구체적으로 적용해볼 수 있습니다. 이러한 과정은 학습자의 몰입도와 학습 효과를 극대화하는 데 중요한 역할을 합니다.

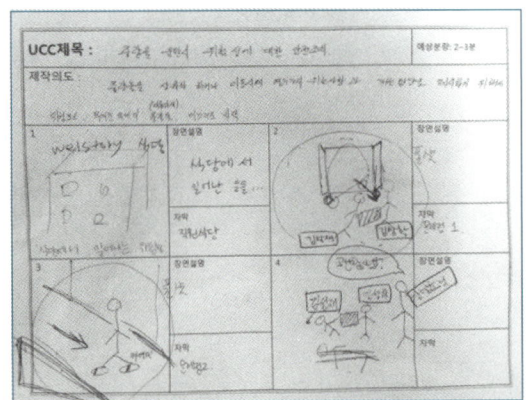 

◐ 영상 제작 사례

5.2.39 나의 안전 발자취 Safety Line 작성

　참여형 교수법에서는 학습자들이 단순히 안전 지식을 배우는 것을 넘어, 이를 자신의 경험과 연결하여 안전의 중요성을 깊이 인식하고 행동 변화를 이끌어내는 것이 중요합니다. 그러나 학습자들이 과거의 안전 경험을 되돌아보는 기회를 가지지 못할 경우, 학습한 내용이 행동으로 이어지지 않거나 안전의식이 형식적으로만 남을 위험이 있습니다. 이는 학습 효과를 제한하고 학습자들이 실질적인 안전 행동을 실천하는 데 어려움을 초래할 수 있습니다. 이러한 문제를 해결하기 위해 "나의 안전 발자취 Safety Line 작성" 활동이 필요합니다.

　이 활동은 학습자들이 자신의 과거 안전 경험과 행동을 되돌아보고 이를 성찰하여 안전의 중요성을 스스로 인식하도록 돕는 교수법입니다. 이 활동을 통해 학습자들은 자신의 행동이나 의지에 개선이 필요한 부분을 발견하고, 안전의 중요성을 감성적으로 공감할 수 있게 됩니다. 또한, 과거 경험을 바탕으로 향후 실천할 안전 행동 계획을 구체적으로 세우고 이를 실천하려는 동기를 얻습니다. 이러한 과정은 학습자들이 단순히 지식을 습득하는 것을 넘어 안전 행동의 변화를 이끌어내는 데 필수적인 기반을 제공합니다.

1) 도구

- Safety Line sheet : 핸드아웃으로 제공하기 위해 학습자 수에 맞게 교육자가 준비합니다.
- 네임펜 : 가능한 두꺼운 펜을 활용하여 시각적인 효과를 극대화합니다.

2) 소요 시간

- 20분

3) 진행 요령

항목	방법
작성 방법 소개	• 교육자는 준비한 Safety Line Sheet를 학습자들에게 배포하고 작성 방법을 설명합니다. • 작성 방법 : 입사 일자, 가장 위험했던 시기, 그리고 안전에 대한 인식 전환, 앞으로 우리 조직의 위험도가 어떻게 관리되길 바라는지에 대하여 과거의 사건 또는 계기 등을 바탕으로 작성합니다.
Safety Line 작성	• 입사 일자 : 회사 입사 일자를 시작점으로 기재합니다. • 가장 위험했던 시기 : 일자를 기재하고 어떤 사건 또는 이슈가 있었는지 키워드를 기재합니다. • 안전에 대한 인식 전환 : 안전이 중요하다는 생각을 가지게 된 일자와 계기를 기재합니다. • 미래 우리 조직의 모습 : 회사의 위험도가 어떻게 달라져야 할지 화살표로 라인을 그은 후, 나는 어떤 역할을 해야 하는지 각오, 다짐 등을 기재합니다.
토론 및 발표	• 교육자는 작성된 Safety Line에 대하여 해당 팀 내에서 각자 발표할 수 있는 시간을 부여합니다. • 팀 내에서 발표가 끝나면 각 팀에서 한 명씩 선정하여 전체 학습자들에게 공유할 수 있도록 합니다. • 교육자는 발표자의 Safety Line을 스캔 또는 실시간 이미지 공유를 통하여 학습자들과 공유합니다. • 발표에 참여한 학습자에게는 감사를 전합니다.

4) 주의사항

- 개인 경험 존중 : 학습자들이 위험 경험과 안전의식 변화를 공유할 때, 각자의 경험이 다를 수 있음을 인지하고 존중해야 합니다.
- 심리적 안전 확보 : 위험 경험을 떠올리며 감정적으로 힘들어질 수 있는 학습자들이 있을 수 있습니다. 학습자들이 무리 없이 참여할 수 있도록 정서적 안전을 고려하고 원치 않으면 특정 경험을 공유하지 않아도 된다는 점을 안내합니다.
- 개인 정보 보호 : 특정 사건이나 경험을 다룰 때, 개인이나 조직의 민감한 정보가 공개되지 않도록 주의합니다.

- **긍정적인 방향으로 유도** : 과거의 위험 경험을 돌아보는 것이 학습자들에게 부정적인 감정으로 이어지지 않도록, 경험을 통해 얻은 교훈과 긍정적인 변화에 중점을 두어 대화를 유도합니다. 특히 미래의 안전문화에 대해 긍정적이고 건설적인 시각을 가지도록 돕는 것이 중요합니다.

Safety Line은 학습자가 자신의 위험 경험과 안전의식의 변화를 시각적으로 표현하여 개인과 조직의 안전문화에 대한 자기 성찰과 인식을 높이는 데 목적이 있습니다. 이를 통해 학습자들은 과거의 경험을 바탕으로 안전에 대한 교훈을 얻고, 미래의 안전 목표를 설정하며 조직 내 안전 책임감을 강화할 수 있습니다. 이 기법은 참여형 교수법에서 학습자들이 능동적으로 참여하고, 안전문화의 중요성을 내재화하도록 유도하여, 장기적으로 조직의 안전성을 높이는 데 기여합니다.

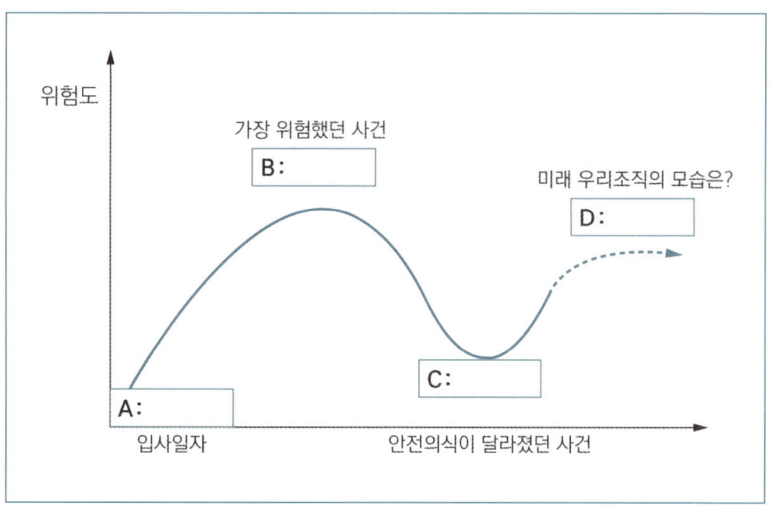

◆ Safety Line 사례

5.2.30 여운을 길게 하는 스토리텔링 비법

참여형 교수법에서는 학습자들이 강의 내용을 명확히 이해하고 이를 오래 기억하며, 감정적으로 공감할 수 있도록 강의를 마무리하는 것이 중요합니다. 하지만 강의 결론이 단순한 요약이나 공식적인 마무리로 이루어질 경우, 학습자들이 강의의 핵심 메시지를 충분히 체감하지 못하거나 기억에 남지 않을 수 있습니다. 이는 학습 효과를 제한하고, 학습자들이 강의에서 얻은 경험을 실질적으로 활용하는 데 어려움을 겪게 만들 수 있습니다. 이러한 문제를 해결하기 위해 "스토리텔링 비법"을 활용합니다.

스토리텔링 비법은 강의 결론에서 학습자들에게 공감과 감동을 줄 수 있는 이야기를 통해 핵심 메시지를 전달하는 기법입니다. 이야기는 학습자들의 감정을 자극하고 몰입감을 높여, 강의 내용을 기억에 오래 남도록 돕습니다. 스토리텔링 비법은 강의의 핵심 메시지를 설득력 있게 전달하며, 학습자들이 강의 내용을 감성적으로 공감하고 내면화하도록 돕습니다. 또한 이야기를 통해 학습내용이 학습자들의 기억에 깊이 각인되며 강의가 끝난 후에도 여운을 느낄 수 있게 합니다. 이를 통해 학습자들은 강의에서 얻은 경험을 삶과 실무에 자연스럽게 연결할 수 있습니다.

1) 도구

- PPT 슬라이드 : 스토리텔링에 맞게 강의 시작 전에 준비합니다.
- 배경 음악 : 스토리텔링에 어울리는 배경 음악을 준비합니다.

2) 소요 시간

- 3분

3) 진행 요령

항목	방법
준비	• 교육자는 학습자들에게 전달할 최종 메시지를 준비합니다. • 메시지는 PPT슬라이드의 애니메이션 기능에서 효과 옵션을 활용하여 만듭니다. 　**Tip** 메시지는 강의 전반에 대한 결론이며 교육자의 마지막 맺음말로, 강의 결론에 대한 동기부여 메시지로 구성되어야 합니다. • 배경 음악은 메시지가 잘 전달될 수 있도록 공개된 음원을 사용하거나 직접 제작할 수 있습니다. 　**Tip** 음악 제작은 인공지능 SUNO AI에서 제작할 수 있습니다.
강의 맺음말 스토리텔링	• 모든 강의를 종료하고 마지막 맺음말을 위하여 5~7초간 정적(Pause)을 유지합니다. • 이때 학습자들은 교육자의 의도적 멈춤에 대하여 집중, 긴장, 기대 등 다양한 반응이 일어납니다. • 교육자는 준비된 음악에 대한 볼륨을 높이면서 준비된 PPT 슬라이드를 통하여 마지막 맺음말을 진행합니다. • 맺음말이 끝난 후 추가적인 메시지 없이 인사와 함께 모든 강의는 종결됩니다.

4) 주의사항

- **멈춤의 적절성** : 의도적 멈춤은 5~7초 정도로 유지해 청중이 집중과 여운을 느끼도록 하고 지나치게 길어져 어색함과 산만함이 생기지 않도록 주의합니다.
- **음악의 역할** : 마무리 음악은 발표자의 목소리가 묻히지 않도록 볼륨을 낮추고, 분위기에 맞는 차분한 곡을 선택해 메시지를 돋보이게 해야 합니다.
- **시선과 제스처** : 마지막 슬라이드를 가리키거나 청중을 바라보며 부드러운 시선을 유지하고, 손짓도 자연스럽게 연결해 소통의 느낌을 살립니다.
- **감정과 어조** : 마무리에서는 감정 표현이 지나치게 과장되지 않도록 절제하며 진정성 있는 따뜻한 어조로 발표를 깔끔히 종료합니다.

여운을 남기는 스토리텔링 기법은 강의 마지막에 학습자에게 깊은 인상을 주어 배운 내용을 오래 기억하게 하는 효과적인 방법입니다. 단순히 정보를 전달하는 것을 넘어서 학습자가 자신의 경험과 감정에 배운 내용을 연결할 수 있도록 도와줍니다. 교육자는 이야기의 전개와 감정의 흐름을 활용해 몰입감을 높이고 마지막에 핵심 메시지를 강조하여 강의의 의미를 강화합니다. 이렇게 남은 여운은 학습자가 강의 후에도 내용을 떠올리게 하며 실제로 행동에 옮기도록 동기를 부여합니다. 예를 들어 안전보건 수업에서 단순한 규정 암기가 아니라 실제 사례에 기반한 이야기로 마무리하면 학습자는 더 쉽게 공감하고 실천하려는 의지를 가지게 됩니다. 따라서 스토리텔링은 강의를 더욱 생생하고 가치 있게 만드는 중요한 교수 기법입니다.

◆ 스토리텔링 사례

5.3 강의 효과성 평가

참여형 교수법을 성공적으로 적용했다면, 그다음 단계는 교육의 효과성을 체계적으로 평가하는 것입니다. "강의 효과성 평가"는 단순히 교육이 끝났다는 것을 확인하는 절차가 아니라 학습자의 실제적인 변화와 성장을 측정하고 향후 교육 개선의 방향성을 제시하는 핵심적인 과정입니다.

전통적인 안전교육에서는 주로 일방향적인 지식 전달에 초점을 맞추었기 때문에 평가 역시 단편적인 지식 암기나 이해 정도를 측정하는 데 그쳤습니다. 하지만 참여형 교수법을 통한 안전문화 교육에서는 학습자의 태도 변화, 참여도, 실무 적용 의지, 그리고 안전에 대한 인식 전환을 종합적으로 평가해야 합니다. 이는 안전이 단순한 규칙 준수가 아닌 조직 구성원 모두가 공유하는 가치와 문화로 자리 잡아야 하기 때문입니다.

효과적인 강의 평가는 세 가지 핵심 요소를 포함해야 합니다.

첫째, 학습자의 즉각적인 반응과 만족도를 측정하는 반응 평가입니다.
둘째, 교육 내용에 대한 이해도와 지식 습득 정도를 확인하는 학습 평가입니다.
셋째, 교육을 통해 학습자의 태도와 행동 변화 의지를 측정하는 행동 평가입니다.

특히 안전문화 교육에서는 학습자가 교육 이후 실제 업무 현장에서 안전 행동을 실천할 의지와 능력을 갖추었는지를 평가하는 것이 무엇보다 중요합니다. 참여형 교수법의 특성상, 평가 과정 자체도 학습자의 능동적인 참여를 유도하는 방향으로 설계되어야 합니다.

제5장 참여형 교수법 방법론

일방적인 설문조사나 객관식 시험보다는 학습자가 자신의 학습 경험을 성찰하고 동료들과 상호 작용하며, 자발적으로 피드백을 제공할 수 있는 다양한 평가 도구를 활용해야 합니다. 이러한 접근은 평가 과정 자체가 또 다른 학습 기회가 되도록 하며 지속적인 안전문화 발전의 토대를 마련합니다.

본 장에서는 안전 교육에 특화된 참여형 평가 방법을 소개합니다. 각 방법은 학습자의 다양한 학습 스타일과 선호도를 고려하여 설계되었으며 강의 상황과 참여자 특성에 따라 선택적으로 활용할 수 있습니다. 이를 통해 교육 효과를 극대화하고, 조직의 안전문화 정착에 실질적으로 기여할 수 있을 것입니다.

5.3.1 퀴즈를 통한 학습 점검 Kahoot 활용

"Kahoot"를 활용한 퀴즈는 참여형 교수법에서 학습자들의 집중도가 떨어지기 시작할 때 가장 필요합니다. 안전보건교육처럼 중요한 내용을 다룰 때 학습자들이 휴대폰을 만지거나 졸음에 빠지는 상황이 자주 발생하는데, 이때 Kahoot 퀴즈를 진행하면 모든 학습자가 자신의 스마트폰을 교육 도구로 활용하면서 즉시 수업에 몰입하게 됩니다.

또한 강의 중간중간 학습자들이 내용을 제대로 이해했는지 확인이 필요한 순간에도 매우 유용합니다. 전통적인 방식으로 "이해했나요?"라고 물어보면 대부분 조용히 있거나 형식적으로 답하지만, Kahoot를 통해 실제 문제를 풀어보게 하면 진짜 이해도를 객관적으로 파악할 수 있습니다. 특히 안전규칙이나 절차처럼 정확한 기억이 중요한 내용을 다룰 때는 즉석에서 퀴즈를 통해 학습자들이 스스로 자신의 이해 수준을 점검할 기회를 제공해야 합니다. 팀별 활동이나 그룹 토론을 마친 후에도 Kahoot는 학습 정리 도구로 활용됩니다. 여러 팀이 발표한 내용들을 퀴즈 형태로 재구성하여 전체 학습자가 다시 한번 복습하고 기억을 강화할 수 있도록 도와줍니다. 또한 경쟁 요소가 포함되어 있어 학습자들이 자연스럽게 더 집중하고 적극적으로 참여하게 만드는 효과가 있습니다.

1) 사용 도구

- 디바이스 : 교육자(컴퓨터)와 학습자(스마트폰)는 인터넷에 연결된 디바이스를 준비합니다.
- Kahoot 계정 : Kahoot의 기본 기능을 사용하기 위해서는 교육자가 회원 가입이 필요하며 월 10$, 25$, 49$, 59$의 상품이 있으며 결제 방식에 따라 기능이 적용됩니다.

2) 소요 시간

- 20분

3) 진행 요령

항목	방법
Kahoot 퀴즈 준비	• 강의 기획 : 학습자 특성과 학습 주제를 바탕으로 퀴즈 제목과 목적을 결정합니다. • 퀴즈 생성 및 설정 : Kahoot.com 로그인 후 "생성"을 선택하고 새 Kahoot 만들기에서 퀴즈를 생성합니다. **Tip** ① 질문유형은 퀴즈, 퍼즐, 진실 또는 거짓이 골고루 분포되게 만듭니다. ② 포인트 설정 시 첫 문제는 포인트 없음, 마지막 문제는 점수 2배로 설정하면 흥미를 더할 수 있습니다. ③ 시간제한은 질문유형을 고려하고 30초가 넘지 않도록 설정합니다. ④ 답변옵션은 정답형과 여러 개로 선택할 수 있습니다. ⑤ 문항 숫자는 5~7개 이내로 흥미와 인식을 확인하는 수준으로 준비합니다. • 사전 테스트 : Preview 기능으로 문항 오류와 시간 적절성을 점검하고 동료를 대상으로 파일럿 테스트를 실시하여 문제점을 사전 수정합니다.
Kahoot 공유	• 접속 방법 : Kahoot.it 웹사이트, 게임 PIN 번호, QR코드 스캔 등 3가지 접속 방법을 동시 제공하며, 학습자는 Kahoot에 회원가입을 하지 않아도 퀴즈에 접속할 수 있습니다. • Kahoot 접속 : 학습자는 접속방법에 따라 별명을 입력하고 '좋아요, 시작합니다'를 탭합니다. **Tip** 별명은 본인의 성명 보다는 재미있는 '닉네임'을 입력하면 개인적 프라이버시를 보호하고 흥미를 유도할 수 있습니다.
Kahoot을 통한 평가	• 퀴즈 시작 : 교육자는 사전 설정된 퀴즈 순서에 따라 순발력 있게 진행합니다. • 정답 입력 : 학습자는 스크린을 통하여 문제를 확인하고 본인의 스마트폰을 통하여 정답을 탭합니다. • 정답 확인 : 학습자는 정답 입력 후 정답인지 오답인지를 스마트폰으로 확인합니다. • 단계별 점수 확인 : 교육자는 단계별 '점수 게시판'을 통하여 점수가 높은 학습자, 단계가 향상된 학습자를 확인하고 응원합니다.
결과포상	• 다층적 시상 체계 : 1~3등 개별 시상 외에도 가장 많이 향상된 참가자, 가장 적극적인 참가자 등 다양한 기준으로 시상하여 모든 학습자에게 성취감을 제공합니다.

4) 주의사항

- **인터넷 연결 상태 확인** : 퀴즈 진행 중에 인터넷 연결이 끊기면 학습자들이 참여할 수 없으므로 안정적인 인터넷 연결 상태를 미리 확인합니다.
- **참가자 이름 관리** : 학습자들이 부적절한 닉네임을 사용할 수 있으므로 참가자 이름을 확인하고 필요시 수정하도록 합니다. 단, Kahoot 활용 목적에 따라 닉네임이 더 분위기를 전환할 수 있습니다.
- **문제 난이도 조절** : 너무 어려운 문제는 흥미를 떨어뜨리고 너무 쉬운 문제는 도전 의식을 약화시킬 수 있으므로 학습자의 수준에 맞는 적절한 난이도의 문제를 준비하여 균형을 유지합니다.
- **시간제한 설정** : 문제별로 적절한 시간 제한을 설정하여 학습자들이 충분히 생각할 시간을 가질 수 있도록 합니다. 너무 짧은 시간은 학습자들에게 스트레스를 줄 수 있으므로, 문제의 난이도에 따라 시간을 조정합니다.
- **기술적 문제 대비** : 디바이스나 Kahoot 플랫폼의 오류로 인한 문제를 대비해 진행 전 모든 학습자가 퀴즈에 정상적으로 접속할 수 있는지 테스트하고 기술적 문제 발생 시 대체 방법을 마련합니다.

Kahoot을 활용한 퀴즈는 참여형 교수법에서 매우 강력한 학습 효과를 발휘합니다. 먼저 즉시적 피드백을 통해 학습자들이 자신의 이해도를 실시간으로 확인할 수 있어 학습 공백을 신속하게 메울 수 있습니다. 게임화 요소가 포함된 경쟁적 구조는 학습 동기를 크게 향상시키며 수동적인 듣기 교육에서 벗어나 능동적 참여를 유도합니다. 특히 안전보건교육에서는 중요한 안전 규칙과 절차를 반복 학습하게 하여 기억 정착률을 높이는 효과가 뛰어납니다. 또한 익명성이 보장되어 학습자들이 부담 없이 참여할 수 있고, 교육자는 전체 학습자의 이해도를 한눈에 파악하여 교육 진행을 즉석에서 조정할 수 있습니다. 결과적으로 Kahoot은 학습의 재미와 효과를 동시에 달성하는 최적의 도구입니다.

제5장 참여형 교수법 방법론

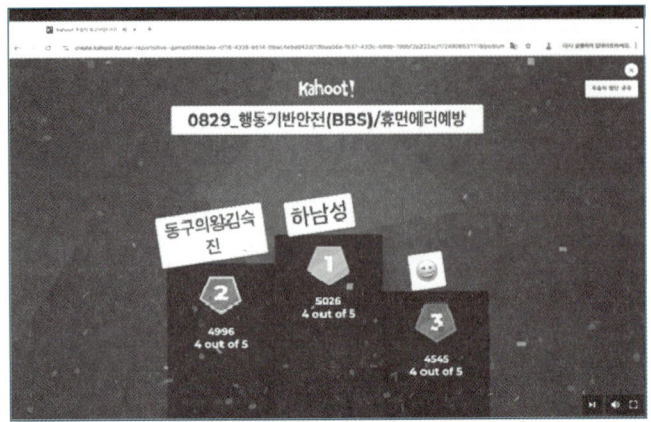

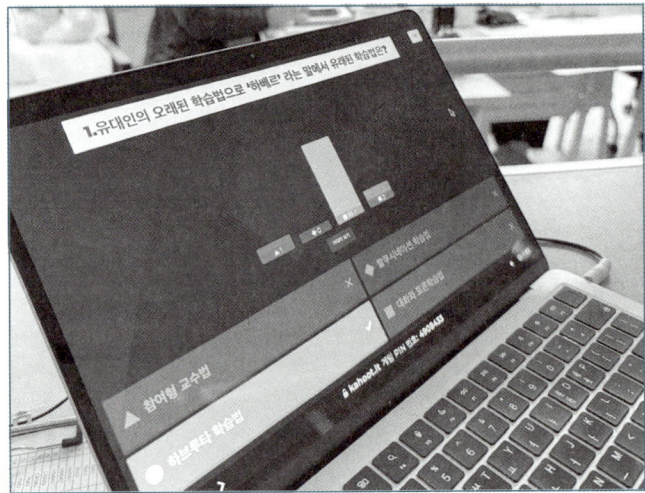

🔹 Kahoot 활용 사례

5.3.2 Google 설문지를 활용한 효과성 평가

강의 종료 후 "Google 설문지"를 활용한 강의 평가는 참여형 교수법에서 여러 상황에서 필요합니다. 교육자가 자신의 교육 방법이 실제로 효과적이었는지 객관적으로 확인하고 싶을 때 매우 유용하며 평가 점수를 바탕으로 학습자의 강의 효과성 평가에도 유용하게 활용됩니다. 특히 새로운 활동이나 교육 기법을 처음 시도했을 때 학습자들의 반응을 정확히 파악해야 다음 강의에서 개선할 수 있습니다. 안전보건교육에서 실습 활동이나 그룹 토론, 역할극 등이 실제로 안전의식 향상에 도움이 되었는지 학습자들의 솔직한 의견을 들어야 합니다.

대규모 교육이나 여러 차례에 걸친 연속 교육을 진행할 때도 설문지 평가가 필수적입니다. 많은 참여자의 의견을 일일이 면담으로 수집하기는 어렵기 때문에 체계적이고 효율적인 방법으로 피드백을 모을 수 있습니다. 또한 학습자들이 익명으로 평가할 수 있어 교육자에게 직접 말하기 어려운 솔직한 의견도 들을 수 있습니다.

강의 내용의 난이도가 적절했는지, 시간 배분이 적당했는지, 어떤 활동이 가장 도움이 되었는지 등을 구체적으로 파악하고 싶을 때도 설문지가 도움이 됩니다. 특히 참여형 교육은 다양한 활동들이 조합되어 진행되기 때문에 각 활동별로 세밀한 평가를 받아야 전체 교육 과정을 개선할 수 있습니다.

1) 도구

- Google 계정 : 평가지를 작성, 평가 및 데이터 수집을 위해 필요합니다.
- QR 코드 생성 도구 : 학습자가 스마트폰으로 설문 또는 평가에 참여할 수 있도록 합니다.

2) 소요 시간

- 30분

3) 진행 요령

항목	방법
Google Drive 평가지 준비	• Google 계정 설정 및 접근 : Google 계정으로 로그인 후 Google Forms에 접속하여 새 설문지를 생성합니다. • 평가 목적 명확화 : 강의 만족도, 학습 이해도, 현장 적용 가능성 또는 강의평가 등 평가하고자 하는 구체적인 영역을 세분화합니다. • 평가 항목 사전 기획 : 강의 내용과 직접 연관된 핵심 질문들을 미리 준비하고, 객관식과 주관식 문항의 적절한 비율을 계획하여 균형 잡힌 평가지를 설계합니다.
평가지 구성	• 제목 및 안내문 작성 : 평가의 목적과 소요시간을 명시한 친근한 안내문을 작성하고, 익명성 보장과 솔직한 의견 개진을 당부하는 내용을 포함시킵니다. **Tip** 평가(시험)를 목적으로 할 경우 설정에서 퀴즈 만들기를 지정하고 제출 후 결과를 공개할지 여부를 설정합니다. • 다양한 문항 유형 활용 : 5점 척도의 만족도 평가, 객관식 이해도 점검, 주관식 개선 의견 등 다양한 형태의 질문을 조합하여 종합적인 평가가 가능하도록 구성합니다. • 시각적 요소 및 테마 설정 : 강의 주제에 맞는 색상과 이미지를 선택하여 설문지의 시각적 완성도를 높이고 학습자들이 친근하게 접근할 수 있는 디자인을 적용합니다.
평가지 배포	• QR 코드 및 단축 URL 생성 : Google Forms에서 생성된 긴 URL을 단축 URL 서비스로 줄이고 QR 코드를 생성하여 학습자들이 스마트폰으로 쉽게 접근할 수 있도록 합니다. • 다중 배포 채널 활용 : 프레젠테이션 슬라이드에 QR 코드를 삽입, 카카오톡 오픈채팅방 링크 공유, 이메일 발송 등 다양한 경로를 통해 평가지를 배포합니다.
학습자 참여	• 실시간 참여 독려 : 강의 종료 직후 즉석에서 평가 참여를 요청하고, 참여율을 실시간으로 모니터링하며 미참여자에게 개별 안내를 제공합니다. • 참여 과정 지원 : 스마트폰 조작이 어려운 학습자를 위해 보조 진행자를 배치하거나, 태블릿 등 대체 기기를 준비하여 모든 학습자가 참여할 수 있도록 지원합니다.
데이터 수집 및 분석	• 실시간 응답 모니터링 : Google Forms의 응답 탭에서 실시간으로 제출 현황을 확인하고, 응답률과 주요 피드백 패턴을 즉석에서 파악하여 필요시 추가 안내를 제공합니다. • 자동 차트 및 통계 활용 : Google Forms에서 자동 생성되는 차트와 통계를 활용하여 만족도 분포, 이해도 수준, 주요 의견 등을 시각적으로 분석하고 핵심 인사이트를 도출합니다. • 평가(시험) 통과 확인 : 평가를 목적으로 진행할 경우 평가점수를 확인하고 미달된 학습자는 즉시 재평가에 참여할 수 있도록 요청합니다.

4) 주의사항

- **개인정보 보호** : 평가에 포함된 개인정보는 반드시 사전에 동의를 받아야 합니다.
- **QR코드** : 구글 설문지를 바탕으로 QR코드를 생성할 경우 해당 URL이 길어 QR코드가 복잡하게 생성되지 않도록 URL 길이를 줄이는 URL 쇼트너 등을 활용합니다.
- **인터넷 연결** : 강의 장소에서 인터넷 연결 상태를 사전에 점검하고 원활한 설문 참여를 위해 안정적인 인터넷 환경을 제공합니다.
- **간결한 평가지 작성** : 질문 내용이 너무 많거나 복잡하지 않도록 간결하게 작성하여 학습자들이 평가에 부담 없이 참여할 수 있도록 합니다.

Google Drive를 활용한 강의 효과성 평가는 참여형 교수법에서 강력한 시너지 효과를 발휘합니다. 가장 큰 효과는 실시간 데이터 수집을 통한 즉각적인 피드백 확보입니다. 학습자들은 스마트폰으로 간편하게 참여할 수 있어 참여율이 크게 향상되며 익명성이 보장되어 솔직하고 건설적인 의견을 제시할 수 있습니다. 교육자는 자동 생성되는 차트와 통계를 통해 객관적이고 정확한 분석이 가능하며, 종이 설문지 대비 시간과 비용을 대폭 절약할 수 있습니다. 특히 클라우드 기반 시스템으로 언제 어디서나 데이터에 접근하여 지속적인 모니터링과 분석이 가능합니다. 수집된 데이터는 다음 교육 설계에 즉시 반영되어 교육 품질의 지속적 개선을 이루며 학습자 맞춤형 교육 환경을 구축하는 최적의 도구입니다. 결과적으로 Google Drive는 효율적이고 체계적인 교육 평가 시스템을 구축하는 최적의 도구입니다.

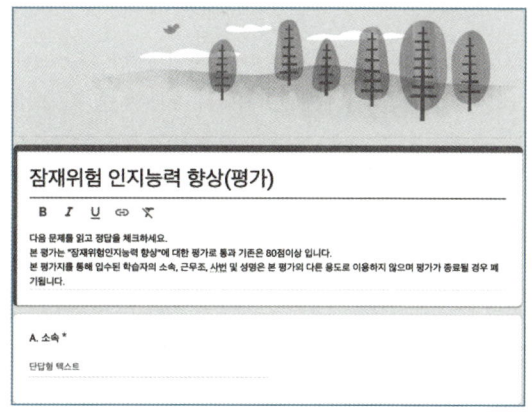
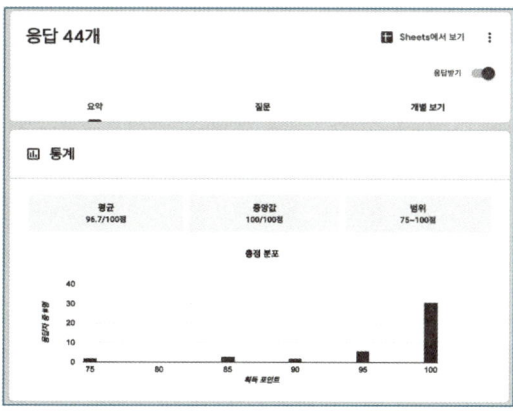

◆ Google 설문 사례

5.3.3 강의장 열정 온도계

"열정 온도계"는 참여형 교수법에서 학습자들의 참여 상태를 눈에 보이게 하고, 서로 소통할 수 있도록 하기 위해 필요합니다. 강의나 실습을 진행하다 보면 학습자들이 집중력을 잃거나 흥미를 잃는 순간이 생길 수 있습니다. 특히 안전보건교육은 자칫 딱딱하고 지루하게 느껴질 수 있어 학습자들이 스스로 참여하고 있다는 느낌을 받을 기회를 마련하는 것이 중요합니다. 이때 열정 온도계를 활용하면 학습자들이 자신이 얼마나 적극적으로 수업에 임하고 있는지를 온도계로 표시할 수 있으며 교육자와 학습자 간에 자연스럽게 강의 분위기에 대한 신호를 주고받을 수 있습니다. 교육자는 학습자들의 반응을 즉시 확인하여 설명의 속도를 조절하거나 흥미를 되살릴 수 있는 활동을 넣을 수 있습니다. 또한 학습자들은 자신의 상태를 표현하면서 수업에 더 책임감을 느끼게 됩니다.

열정 온도계는 안전에 대한 주제를 다룰 때 학습자들이 긴장감과 경각심을 유지하면서도 심리적인 부담을 덜 느끼도록 도와주는 효과가 있습니다.

교육공학적인 관점에서는 이 도구가 수업의 단조로움을 줄이고 참여를 높이는 역할을 하며, 안전심리 측면에서는 서로의 생각과 감정을 알아가는 계기가 되어 안전의식을 자연스럽게 높이는 데 활용됩니다.

1) 도구

- 열정 온도계 포스터 : 온도계 모양의 포스터로, 열정 상태를 '충분', '보통', '부족'으로 나눠 표시합니다.
- 플립차트와 마커 : 열정 온도계를 만들 때 사용합니다.
- 스티커 : 학습자가 자신의 열정 수준에 맞는 위치에 부착할 수 있습니다.

2) 소요 시간

- 10분

3) 활용 방법

항목	방법
열정 온도계 게시	• 열정 온도계 제작 : 교육자는 플립차트와 마커를 팀별로 배포하여 열정 온도계를 직접 제작하거나 준비된 열정 온도계 포스터를 활용합니다. • 열정 온도계 게시 : 교육자는 학습자들이 쉽게 접근할 수 있고 잘 보이는 강의장 입구나 측면 벽에 열정 온도계를 부착합니다. **Tip** 열정 온도계는 팀별 또는 전체 학습자를 대상으로 구분해서 활용할 수 있습니다.
열정표시	• 스티커 배포 : 교육자는 빨간색 스티커를 각 학습자들에게 배포합니다. • 활용방법 안내 : 교육자는 "현재 여러분의 학습 의욕과 에너지 상태를 솔직하게 표현해 주세요"라고 설명하고, 각 구간의 의미를 구체적인 예시와 함께 안내합니다. • 열정 표시 : 각 학습자는 본인의 열정에 대하여 충분, 보통, 부족 3구간으로 나누어 스티커를 부착합니다.
분석 및 활용	• 전체 분위기 파악 및 교육 전략 조정 : 교육자는 스티커 분포를 파악하고 '부족' 구간이 많으면 아이스브레이킹이나 동기부여 활동을 추가하고 '충분' 구간이 많으면 더 활발한 참여형 활동을 계획합니다. • 중간 점검 및 변화 추적 : 강의 중간이나 활동 후 색깔이 다른 스티커로 재측정하여 변화를 시각적으로 확인하고 개선된 부분이 있다면 학습자들과 긍정적으로 공유합니다. • 맞춤형 피드백 및 격려 : 측정 결과를 바탕으로 "많은 분들의 열정이 높아진 것 같아 기쁩니다." 등의 구체적인 피드백을 제공하고 낮은 에너지 상태의 원인을 파악하여 휴식이나 활동 조정을 실시합니다.

4) 주의사항

- **익명성 보장** : 학습자가 자신을 드러내는 것을 꺼릴 수 있으므로 필요시 스티커 부착이 익명으로 이루어질 수 있도록 합니다.
- **강요하지 않기** : 열정 상태를 표현하는 것은 자발적인 참여로 이루어져야 하며 학습자에게 강요하지 않습니다.
- **부정적 평가 지양** : '부족' 상태에 스티커를 부착한 학습자에 대해 부정적 평가를 하지 않고 그 원인을 파악하여 개선 방안을 찾아야 합니다.

- **변화 추적**: 열정 온도계를 통해 수집된 데이터를 바탕으로 학습자들의 참여도 변화 추이를 분석하고 다음 강의 계획에 반영합니다.
- **적절한 피드백 제공**: 열정 수준에 대한 적절한 피드백을 제공하여 학습자가 자신의 상태를 인지하고 적극적으로 변화할 수 있도록 합니다.

열정 온도계 활용은 참여형 교수법에서 다차원적인 효과를 발휘합니다. 가장 직접적인 효과는 학습자들의 현재 상태를 실시간으로 시각화하여 교육자가 즉각적으로 교육 전략을 조정할 수 있다는 점입니다. 학습자들은 자신의 감정과 에너지 상태를 객관적으로 인식하게 되며 이를 통해 학습에 대한 자기 성찰과 동기 부여가 이루어집니다. 익명성이 보장되어 솔직한 표현이 가능하고 전체 분위기를 파악함으로써 개별 학습자가 혼자가 아니라는 소속감을 느낄 수 있습니다. 교육자는 피로도가 높은 시점에서 휴식이나 활동을 조정하고 에너지가 높을 때는 더 활발한 참여형 활동을 진행할 수 있어 교육 효율성이 크게 향상됩니다. 또한 교육 전후 변화를 추적하여 활동의 효과성을 측정하고 지속적인 개선이 가능합니다. 결과적으로 열정온도계는 학습자 중심의 맞춤형 교육 환경을 조성하는 핵심 도구입니다.

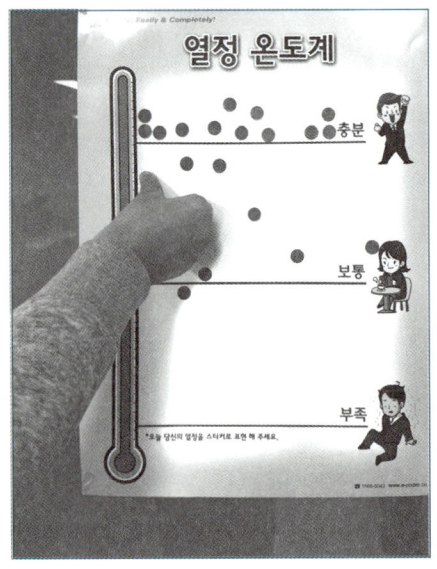

◆ 열정 온도계 사례

5.3.4 강의 성과평가 KEEP/STOP/BEGIN

"KEEP/STOP/BEGIN 기법"은 지금까지 참여했던 교육 내용을 바탕으로 우리 조직에서는 무엇을 유지(KEEP)하고, 무엇을 중단(STOP)하며, 무엇을 새롭게 시작(BEGIN)할지를 결정하여 수업의 질을 높이는 데 중요한 도구로 활용합니다. 기존의 단순한 만족도 조사로는 파악하기 어려운 구체적인 개선점과 유지해야 할 강점, 그리고 새롭게 시도해야 할 아이디어를 체계적으로 수집할 수 있습니다.

장기간에 걸쳐 진행되는 교육과정이나 시리즈 강의에서도 이 방법은 매우 유용합니다. 여러 차례의 교육을 통해 축적된 경험을 바탕으로 학습자들이 느끼는 교육의 장점과 단점, 개선 필요사항을 명확하게 구분하여 파악할 수 있어 다음 교육 계획 수립에 직접적으로 활용할 수 있습니다. 특히 안전보건교육처럼 반복적으로 실시되는 의무교육에서는 매년 동일한 내용을 다루면서도 지속적인 개선이 필요한 상황에서 매우 효과적입니다.

팀 기반 활동이나 그룹 프로젝트가 많이 포함된 참여형 교육에서도 KEEP/STOP/BEGIN 평가가 필요합니다. 개별 학습자의 관점뿐만 아니라 팀 차원에서의 협업 경험, 역할 분담, 소통 방식 등에 대한 다각적인 피드백을 수집하여 향후 팀 활동의 질을 높일 수 있습니다. 또한 교육자가 새로운 교수법이나 기술 도구를 실험적으로 도입했을 때, 그 효과성을 다면적으로 평가하고 지속 여부를 결정하는 상황에서도 이 방법은 매우 유용하게 활용됩니다.

1) 도구

- **포스트잇** : 각 학습자들이 KEEP/STOP/BEGIN에 대한 의견을 기록할 수 있는 도구로 활용합니다.
- **플립차트와 마커** : 팀별로 KEEP/STOP/BEGIN의 피드백을 모아 시각적으로 정리할 때 활용합니다.

2) 소요 시간

- 30분

3) 진행 요령

항목	방법
활동기준 제시	• 정의 소개 : 교육자는 KEEP/STOP/BEGIN에 대한 정의를 다음과 같이 소개합니다. • KEEP : 우리 조직의 좋은 관행으로 계속 유지해야 할 것 　예) 월례 안전회의 지속, TBM 활동 지속 등 • STOP : 우리 조직의 부적절한 모습으로 이제는 중지해야 할 것 　예) 형식적인 교육 참여, 날짜만 바뀌는 위험성평가 등 • BEGIN : 강의를 통해 새롭게 시도해야 할 것 　예) BBS활동, 안전 후견인 제도, 안전 칼 사용 등 　Tip) 단순 불편사항이나 개인적 감정보다는 조직과 업무에 도움이 되는 건설적 의견을 작성하도록 안내합니다.
팀별 활동	• 의견 작성 및 팀 토론 : 각 학습자가 포스트잇에 개인 의견을 먼저 작성한 후, 토론을 통하여 팀 차원의 종합 의견을 도출합니다. • 시각적 정리 : 플립차트를 활용하여 팀의 의견을 색깔별로 구분하고 도표나 그림을 활용해 시각적으로 정리하여 다른 팀이 쉽게 이해할 수 있도록 준비합니다.
결과발표	• 팀별 순차 발표 진행 : 팀별 5분 내외로 발표하되 단순 나열이 아닌 선정 이유와 기대 효과를 포함하여 설득력 있게 발표하도록 안내합니다. • 질의응답 : 발표 후 다른 팀에서 추가 의견이나 질문을 제시할 수 있는 시간을 제공합니다. 교육자는 발표 내용에 대한 긍정적 피드백과 보완점을 함께 제시합니다. • 종합 정리 : 교육자는 핵심 내용을 요약정리하고 참가자들과 함께 주요 개선 과제의 실천 의지를 다지며 다음 만남에서의 진행 상황 점검을 약속합니다.

4) 주의사항

- **학습 목표와 일관성 유지** : KEEP/STOP/BEGIN 활동은 강의 주제를 벗어나 단순 불편이나 회사 복지와 같은 내용이 포함되지 않도록 합니다.
- **참여 유도** : 소수의 의견이 아니라 모든 학습자가 적극적으로 참여할 수 있도록 유도합니다.
- **시간 관리와 효율성** : 계획된 시간 안에 활동이 완료되도록 명확한 지침과 시간을 제시합니다.

KEEP/STOP/BEGIN 활동은 참여형 교수법에서 탁월한 개선 효과를 발휘합니다. 이 방법의 가장 큰 장점은 학습자들이 단순한 만족도 평가를 넘어 구체적이고 건설적인 피드백을 체계적으로 제공할 수 있다는 점입니다. KEEP을 통해 교육의 강점과 유지해야 할 요소를 명확히 파악하고 STOP으로 개선이 필요한 부분을 솔직하게 도출하며 BEGIN으로 새로운 아이디어와 혁신 방안을 수집할 수 있습니다.

특히 팀 단위 토론 과정에서 개인의 주관적 의견이 객관적이고 균형 잡힌 관점으로 발전되며, 학습자들은 자신들의 의견이 실제 교육 개선에 반영된다는 주인의식을 갖게 됩니다. KEEP/STOP/BEGIN 활동은 교육자에게 다음 교육 설계를 위한 구체적인 가이드라인을 제공하고, 지속적인 품질 향상의 기반을 마련해줍니다. 또한 조직 차원에서는 안전문화 개선과 학습조직 구축에 직접적으로 기여하는 실용적인 도구로 작용합니다.

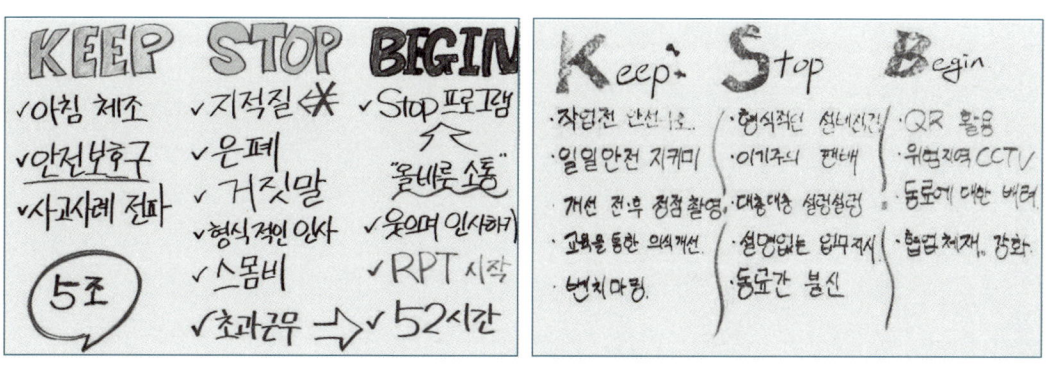

◆ KEEP/STOP/BEGIN 활동 사례

부록

참여형 교수법을 반영한 안전보건교육계획

부록 참여형 교수법을 반영한 안전보건교육계획

부록 1 근로자 안전보건교육

1. 법적근거
- 산업안전보건법 시행규칙 별표5. 근로자 안전보건 교육

2. 교육내용
- 산업안전 및 사업재해 예방에 관한 사항 (화재 폭발사고 발생시 대피에 관한 사항을 포함한다)
- 산업보건 및 건강장해 예방에 관한 사항 (폭염, 한파 작업으로 인한 건강장애 발생 시 응급조치에 관한 사항을 포함한다)
- 위험성평가에 관한 사항
- 건강증진 및 질병 예방에 관한 사항
- 유해/위험 작업환경 관리에 관한 사항
- 산업안전보건법령 및 산업재해보상보험 제도에 관한 사항
- 직무스트레스 예방 및 관리에 관한 사항
- 직장 내 괴롭힘, 고객의 폭언 등으로 건강장해 예방 및 관리

3. 참여형 교수법을 적용한 교육과정 예시
- 안전보건 정기교육 계획 (월 2시간 기준)
- 강의 목적 설명 : 5.2.5 크로스 워드
- 아이스브레이킹 : 5.1.1~5.1.3 활용

• 과정내용

No.	교육과정	진행방법	참여형 교수법 (예)
1	안전보건 목표 설정 및 추진계획 수립	안전보건 목표와 실행계획 수립을 위하여 근로자의 의견을 수렴한다.	5.2.17 마인드맵 전략 5.2.16 만다라트 기법
2	최신 안전보건 관계 법령 이해	개정 법령 핵심을 퀴즈와 토론으로 확인하고 현장 적용사례를 점검한다.	5.2.6 초성 퀴즈 5.2.8 신호등 카드 5.3.1 Kahoot 활용
3	사업장 유해위험요인 발굴	현장 사진 또는·동영상을 활용해 위험요인을 찾고 개선방안을 토론한다.	5.2.19 안전 관찰 5.2.21 안전보건 표지 5.2.11 현장 속으로
4	위험성평가	소그룹으로 위험요인을 발굴·평가 후 개선 아이디어를 공유한다.	5.2.9 브레인라이팅 5.2.27 인공지능(AI) 활용 5.2.20 창작포스터
5	고위험요인(SIF) 발굴	SIF관리에 대한 핵심요소를 소개하고 심각한 부상 및 사망사고 전조인자를 발굴한다.	5.2.9 브레인라이팅 5.2.17 마인드맵
6	스트레스가 없는 직장 환경 만들기	직무 스트레스 요인을 토론하고 개선 아이디어를 시각화해 공유한다	5.2.14 스몰토크 5.2.18 리치픽처
7	질병의 원인과 예방법	사례 중심으로 질병 발생 원인을 분석하고 예방 방법을 설계한다.	5.2.9 브레인라이팅 5.2.16 만다라트 기법
8	근로자 참여형 안전문화 자체평가	안전문화 거버넌스를 결정하고 자체 평가 후 행동기준을 설정한다.	5.3.2 Google 효과성 평가 5.2.3 그라운드 룰
9	사고사례 기반 안전 연극 (Safety Drama)	사고 사례를 바탕으로 역할극을 제작·발표하며 교훈을 공유한다.	5.2.27 인공지능(AI) 활용 5.2.28 영상제작
10	긴급대피 훈련	실제 대피 시나리오를 역할별로 수행하고 개선점을 점검한다.	5.2.1 비상시 대비 및 대응 5.2.4 역할 카드 5.2.27 인공지능(AI) 활용
11	심폐소생 훈련	이론 학습 후 실습으로 반복 훈련하여 응급대처 능력을 습득한다.	심폐소생 이론과 실습 5.3.3 열정 온도계
12	안전보건 우리의 한 해는	한 해의 성과를 돌아보고 개선·지속 활동을 정리한다.	5.3.4 KEEP/STOP/BEGIN 5.2.29 Safety Line

근로자 안전보건교육은 매 반기 6~12시간 이상 진행해야 하며, 조직의 규모, 위험성 및 안전문화에 따라 교육프로그램을 조정하여 활용할 것을 권장합니다.

부록 2   관리감독자 안전보건교육

1. 법적근거
- 산업안전보건법 시행규칙 별표5. 근로자 안전보건 교육

2. 교육내용
- 산업안전 및 산업재해 예방에 관한 사항(화재·폭발 사고 발생 시 대피에 관한 사항을 포함한다)
- 산업보건 및 건강장해 예방에 관한 사항(폭염·한파작업으로 인한 건강장해 발생 시 응급조치에관한 사항을 포함한다)
- 위험성평가에 관한 사항
- 유해·위험 작업환경 관리에 관한 사항
- 산업안전보건법령 및 산업재해보상보험 제도에 관한 사항
- 직무스트레스 예방 및 관리에 관한 사항
- 직장 내 괴롭힘, 고객의 폭언 등으로 인한 건강장해 예방 및 관리에 관한 사항
- 작업공정의 유해·위험과 재해 예방대책에 관한 사항
- 사업장 내 안전보건관리체제 및 안전·보건조치 현황에 관한 사항
- 표준안전 작업방법 결정 및 지도·감독 요령에 관한 사항
- 현장근로자와의 의사소통능력 및 강의능력 등 안전보건교육 능력 배양에 관한 사항
- 비상시 또는 재해 발생 시 긴급조치에 관한 사항
- 그 밖의 관리감독자의 직무에 관한 사항

3. 참여형 교수법을 적용한 교육과정 예시
- 관리감독자 안전보건교육 (년 16시간 기준)

- 강의 목적 설명 : 5.2.5 크로스 워드
- 아이스브레이킹 : 5.1.1~5.1.3 활용
- 과정내용

No.	교육과정	선정 배경	참여형 교수법 (예)
1	안전, 우리삶의 최고가치	안전의 소중함을 영상으로 체감하고 각자 삶 속 안전 경험을 Safety Line에 기록·공유한다.	5.2.10 영상스토리 5.2.29 Safety Line 작성
2	관리감독자 안전 리더십	자신의 성격과 리더십 스타일을 분석하고 리치픽처로 이상적 리더 모습을 설계한다.	5.2.18 리치픽처 - 나의 성격유형 찾기 - 나의 리더십 스타일 분석
3	안전보건 인공지능(AI) 활용	AI 도구를 활용해 위험요인을 예측·분석하고 Padlet에 공유해 개선 아이디어를 시각화한다.	5.2.27 인공지능(AI) 활용 5.2.25 Padlet 활용
4	안전보건 문제해결 기법	현장 문제를 만다라트로 원인·해법을 도출하고 마인드맵으로 실행 전략을 구조화한다.	5.2.16 만다라트 기법 5.2.17 마인드맵 전략
5	안전문화의 이해와 진단 요령	안전문화 진단 결과를 그룹별로 분석하고 만다라트· 기법으로 개선안을 도출한다.	5.2.16 만다리트 기법 5.3.2 안전문화 진단
6	안전이론과 안전심리	안전이론과 안전심리를 바탕으로 발생할 수 있는 사고를 리치픽처로 시각화한다.	5.2.18 리치픽처
7	휴먼에러 예방	불안전한 행동과 상태를 리치픽처로 시각화하고 예방 대책을 수립한다.	5.2.18 리치픽처 5.2.3 그라운드 룰
8	행동기반 안전관리	현장 근로자의 행동을 관찰하고 Walk & Talk 기법으로 개선점을 피드백하며 실행 방안을 정한다.	5.2.19 안전관찰 5.2.12 Walk & Talk
9	사고 사례와 교훈	실제 사고 사례를 Safety Concert로 공유하고 스토리텔링을 통해 교훈과 예방대책을 재구성한다.	5.2.24 Safety Concert 5.2.29 스토리텔링 비법
10	조직내 커뮤니케이션 스킬	스몰토크 활동으로 대화 능력을 높이고 나의 커뮤니케이션 지수를 측정해 개선 전략을 찾는다.	5.2.14 스몰토크 - 나의 커뮤니케이션 지수

부록 참여형 교수법을 반영한 안전보건교육계획

많은 기업에서 관리감독자 안전보건 교육 16시간에 대하여 교육기관에 위탁하여 운영하거나 8시간 온라인 교육, 나머지 8시간은 자체교육으로 시행되고 있습니다. 자체 교육 시 법규에 정한 교육내용을 반복적으로 시행하는 것도 좋겠지만 조직의 규모와 위험성 및 안전문화 수준을 고려하여 교육프로그램을 조정할 것을 권장합니다.

부록 3   안전보건 워크숍

1. 법적근거

- 해당 없음

2. 참여형 교수법을 적용한 워크숍 예시

No.	교육과정	진행방법	참여형 교수법
1	안전 마인드셋 (mindset)	안전의 의미를 토론하고 경험을 공유하며, 개인별 안전 행동 다짐을 작성한다.	5.2.29 Safety Line 작성
2	안전문화 거버넌스 파악	안전에 대한 거버넌스를 브레인라이팅으로 수렴하고 평가기준을 설정한다.	5.2.9 브레인 라이팅
3	3년 후 달라진 조직문화	미래 안전 비전을 구상하고 실행 가능한 단기전략을 도출한다.	5.2.12 Walk & Talk
4	위험성평가 개선 아이디어 발굴	현재 절차를 점검하고 개선 아이디어를 발굴하여, 우선순위를 선정 후 발표한다.	5.2.16 만다라트 기법
5	중대재해처벌법 대응전략	주요 법령을 정리하고 실제 위반 사례를 분석하며, 대응 프로세스를 설계한다.	5.2.17 마인드맵
6	안전문화의 현실과 미래	현재 안전문화 수준을 진단하고, 이상적인 미래상을 토의하여 실행 방안을 설정한다.	5.2.18 리치픽처
7	불안전한 행동과 상태 발굴	현장 사진 또는·동영상을 활용해 위험요인을 찾고 개선방안을 토론한다.	5.2.19 안전 관찰
8	사고예방 캠페인 기획	사고 예방을 위한 캠페인 주제를 정하고 아이디어를 도출하여 포스터로 제작한다.	5.2.20 창작 포스터
9	사고 사례와 교훈	실제 사고 영상을 시청하고 Safety Concert를 통한 교훈과 예방대책을 재구성한다.	5.2.24 Safety Concert

부록 참여형 교수법을 반영한 안전보건교육계획

No.	교육과정	진행방법	참여형 교수법
10	직무별 안전관리 역할 정리	직무별 역할을 브레인스토밍하고 중복·누락을 확인하여 책임을 체계적으로 정리한다.	5.2.25 Padlet 활용
11	AI기반 위험성평가 자동화	AI 활용 사례를 소개하고 적용 가능 영역을 논의하며, 실무 적용 아이디어를 제안한다.	5.2.27 인공지능(AI) 활용
12	안전문화 확산 슬로건 영상	핵심 메시지를 선정하고 짧은 대본을 작성하여, 팀별로 영상을 촬영해 공유한다.	5.2.28 영상 제작
13	KEEP/STOP/BEGIN	지속할 행동을 정리하고 중단할 관행을 기록하며, 새롭게 시작할 활동을 제안한다.	5.3.4 KEEP/STOP/BEGIN

워크숍은 법적 의무는 아니지만 많은 기업에서 안전사고 예방과 안전문화 확산을 위해 정기적으로 진행되고 있습니다. 이때 어떤 프로그램으로 진행할지 고민하는 분들을 위해 참여형 교수법을 활용한 안전보건 워크숍 활용 사례를 공유합니다.

- 비고 : 해당 과정에 대한 참여형 교수법은 진행방법과 목적에 따라 달라질 수 있습니다.

부록 4 참여형 교수법 강사(1급, 2급) 교육과정

1. 민간자격 등록번호

- 제2025-001816호

2. 민간자격 수행기관

- 주식회사 케이피엠씨

3. 이론교육

- 참여형 교수법 강사 1급, 2급 공통

교육내용	교육 이수 방법 및 내용			비 고
	이론	실습	계	
참여형 교수법 개요	2시간	-	2시간	
아이스브레이킹	1시간	1시간	1시간	
참여형 교수법(Ⅰ)	2시간	3시간	5시간	개인 참여 교수법
참여형 교수법(Ⅱ)	1시간	3시간	4시간	팀 참여 교수법
강사 실습	1시간	1시간	2시간	
강의 효과성 평가	-	1시간	1시간	

- 최종 평가 후 참여형 교수법 강사2급 자격증 발급

4. 실기평가

- 참여형 교수법 강사1급

시험과목	평가기준				시험시간
	개인 교수법	팀 교수법	결과	배점기준	
발표자료	-	-	PPT 10장 이상	20점	발표 : 30분
발표	5종 이상	3종 이상	8종 이상	80점	

- 발표자료 제출과 발표 점수를 합해 80점 이상인 자에 한하여 참여형 교수법 강사1급 자격증 발급

찾아보기

ㄱ
강의 효과성 • 211
개발(Development) • 77
경험의 원추 • 27
경험주의 교육 • 46
공자 • 45
교육 마술 • 182
교육공학 • 52
국가직무능력표준(NCS) • 82
국립 훈련 연구소 • 27
그라운드 룰 • 122
근접발달영역 • 48
기계공학적 교육공학 • 57

ㄴ
능동적 학습 • 29

ㄹ
리치픽처 • 169

ㅁ
마인드맵 • 166
만다라트 기법 • 163
몬테소리 • 48
미니 메가폰 • 160
미소훈련법 • 103

ㅂ
법정교육 • 68
분석(Analysis) • 74
브레인라이팅 • 141
비고츠키 • 48
비상시 대비 및 대응 • 116
뺑뺑이 번호 추첨기 • 154

ㅅ
사다리 게임 • 154
사지선다형 퀴즈 • 135
사회문화적 이론 • 48
사회적 책임 • 66
산업안전보건법 • 64
산파법(Maieutics) • 44
설계(Design) • 75
소크라테스 • 44
수동적 학습 • 29
순서 결정 기술 • 154
순환적(Cyclical) 구조 • 73
스몰토크 • 157

스토리텔링 비법 • 208
신호등 카드 • 138
실행(Implementation) • 78

ㅇ

아이덴티티 • 119
아이스브레이킹 • 102
악어 이빨 • 154
안전 관찰 • 173
안전골든룰 • 148
안전문화 • 65
안전보건표지 • 179
에드거 데일 • 27
역할 카드 • 125
열정 온도계 • 220
영상 스토리 • 144
영상 제작 • 202
인간공학적 교육공학 • 59
인공지능(AI) • 197

ㅈ

조제프 주베르 • 46
존 듀이 • 46
주먹 쌓기 • 109

주사위 • 154
직관 교육 • 47
직무 요구서 • 83
집단 지성 • 24

ㅊ

창작 포스터 • 176, 178
체험 학습 • 76
초성 퀴즈 • 132
칭찬스티커 • 106

ㅋ

카카오 오픈채팅 • 194
콜브(Kolb) • 18
크로스 워드 • 129

ㅌ

토니 부잔 • 166

ㅍ

퍼실리테이션 • 38
페스탈로치 • 47
평가(Evaluation) • 79
풍선게임 • 112

피어 러닝 • 31
피어 러닝(동료 학습) • 37

ㅎ

하브루타 학습법 • 33
하브루타(Havruta) • 33
학습 관리 시스템(LMS) • 54
학습 피라미드 • 27
학습모듈 • 85
학이시습지 불역열호 • 45
한국고용직업분류(KECO) • 83
행동과학적 교육공학 • 61
행동기반안전관리(BBS) • 192
허버트 스펜스 • 32
현장 속으로 • 147
협력 학습 • 76
효과성 평가 • 211

영문

ADDIE 모형 • 73
AI STUDIOS • 199
CamScanne • 186
ChatGPT • 198
Claude • 198

DALL-E • 198
Felo • 199
Gamma • 199
Gemini • 198
Genpark • 199
Google Docs • 185
Google 설문지 • 217
Grok • 198
Hostinger AI • 199
ImageFX • 198
Kahoot • 213
KEEP/STOP/BEGIN • 223
KineMaster • 202
MECE • 165
Midjourney • 198
mqr • 186
NCS개념도 • 82
Padlet • 191
Perplexity • 198
QR코드 • 185
Readdy • 199
Recraft • 198
Safety Concert • 188
Safety Line • 205

SMART • 75
Smart Lens • 186
Sora • 198
Suno AI • 199
TopMedi AI • 199

VivaVideo • 202
Vrew • 199
Walk & Talk • 151
Wix AI • 199

참고문헌

도서 및 학술 논문

구권호, 『지속가능 기업을 위한 안전경영의 법칙』, 2021, 한국학술정보

구기욱 외, 『PURE 퍼실리테이션 TOOL BOX』, 2013, 퍼포먼스웨이컨설팅

김승필, 『비주얼스토리텔링』, 2018, 글로아트

김용수 외, 『산업안전관리론』, 2012, 지구문화사

멜실버맨, 『성공하는 컨설턴트를 위한 Tool Kit』, 2002, 새로운 제안

문강수 외, 『안전이 묻고 심리학이 답한다』, 2022, 좋은땅

밥 파이크, 『밥 파이크의 창의적 교수법』, 2017, 김영사

방용성 외, 『컨설팅 실무』, 2016, 학현사

신재한, 『교육방법 및 교육공학』, 2017, 미모션북스

이임복, 『구글+아이폰』, 2012, 한빛미디어

임철일 외, 『교육공학』, 2011, 한국방송통신대학교출판부

전창욱, 『참여형 수업을 이끄는 창의적 교수법 47가지』, 2015

변경화, 「Edgar Dale의 시청각교육 이론에 관한 연구」, 1985, 이화여자대학교 교육대학원

안전보건공단 산업안전보건교육원, 「사업장안전보건교육자자격」, 2025

정공화 외, 「산업안전보건교육이 산업재해발생에 미치는 영향에 관한 연구」, 2016

John, M., 「Interactive Teaching Methods」, 2020, Education Press

Kim, S., 「Safety and Health Education : A Comprehensive Guide」, 2019, Safety Publishing

National Institute for Occupational Safety and Health(NIOSH), 2021, Safety Training Guidelines. Retrieved from NIOSH Website

SGS, TUTOR's GUIDE Accelerated Learning Aechniques, 2019

관련 도구 및 소프트웨어 안내

참여형 교수법에 활용할 수 있는 다양한 도구와 소프트웨어를 소개합니다. 이러한 도구들은 강의 준비, 학습자 평가, 피드백 제공 등에 유용하게 사용할 수 있습니다.

- Google Classroom : 온라인 수업 관리 도구로, 과제 배포, 제출, 평가 등을 손쉽게 관리할 수 있습니다.
- Kahoot! : 게임 기반 학습 플랫폼으로, 퀴즈와 토론을 통해 학습자들의 참여를 유도할 수 있습니다.
- Zoom : 비대면 수업 및 회의에 적합한 화상 회의 소프트웨어로, 화면 공유, 녹화, 채팅 기능을 제공합니다.
- Padlet : 디지털 게시판 도구로, 학습자들이 아이디어를 공유하고 협업하는 데 유용합니다.
- Gotcha : 참가자 추첨이나 경품 추천을 랜덤으로 진행할 때 사용하는 스마트폰 추첨 도구입니다.
- Chwazi : 여러 사람 중 무작위로 한 명(또는 몇 명)을 선택할 때 사용하는 손가락 기반 추첨 앱입니다.

에필로그

　이 책을 쓰는 동안 수많은 현장의 목소리가 마음에 맺혔습니다. 바쁜 일상에 쫓기며 교육을 의무로만 여기던 분들이, 함께 웃고 토론하며 스스로 깨달음을 얻는 순간 달라지는 표정을 잊을 수 없습니다. 그것이 바로 참여형 교수법이 가진 힘이라고 믿습니다.

　교육은 결코 완성된 답을 주는 일이 아닙니다. 그보다는 질문을 던지고 서로 다른 경험을 꺼내어 나누고 함께 더 나은 길을 찾아가는 여정이라고 생각합니다. 저는 그 여정에 동행하는 동반자이고 싶습니다.

　이제 책을 덮는 순간이 왔습니다. 하지만 진짜 변화는 여기서부터 시작됩니다. 안전은 어느 한 사람의 몫이 아니라 우리 모두가 만들어가는 문화입니다. 작은 시도라도 좋습니다. 오늘 배운 것 중 단 하나라도 실천해 보길 바랍니다. 그 작은 변화가 현장을 바꾸고, 누군가의 소중한 삶을 지키는 씨앗이 될 것입니다.

　끝으로, 이 책을 함께 읽어주신 모든 분께 감사의 마음을 전합니다. 교육은 혼자서는 결코 이루어질 수 없습니다. 여러분의 열정과 참여가 있었기에 이 모든 이야기가 의미를 얻었습니다. 앞으로도 안전을 향한 이 길에 함께 걷기를 소망합니다.

　안전이 당연해지는 그날까지 모두가 깨어있길 기도합니다.

안방환 드림

| 저자소개 |

안방환

- 고려대 공학대학원 석사 졸업
- 숭실대 안전보건 최고경영자과정(SHAMP 16기)
- 삼육대학교 교양학과 서비스기업경영 강사(2011~12)
- (주)케이피엠씨 대표이사
- 강의경험 : 삼성전자, LG전자, 현대자동차, 기아자동차, 모비스, 현대제철, 포스코, 삼성 EHS전략연구소, 두산에너빌리티, 대우건설, S-oil, 효성, 한화케미칼, 삼천리, 발레오, 보쉬, 타타대우모빌리티, YNCC, 네이버, 카카오뱅크, 쿠팡, SM엔터테인먼트, CJ ENM, 롯데면세점, 유한양행, 셀트리온, 금융투자협회, 한국가스공사, 한국전력, 전자통신연구원, 고용노동부 등 25년 동안 기업진단, 강의와 컨설팅 수행
- 기관교육 : 한국품질재단(KFQ), 영국표준협회(BSI코리아), 한국가스안전공사(KGS), 디앤브이(DNV), 한국 SGS, 뷰로베리타스(BV), KSR인증원, 한국심사자격인증원(KAR), 대한산업안전협회에서 강의

오랜 기간 산업현장에서 안전보건교육과 컨설팅을 수행하며 '참여형 교수법'을 현장에 뿌리내리기 위해 힘써왔습니다. 저자는 "아무리 좋은 교육도 듣기만 하면 5%밖에 남지 않는다"라는 신념으로, 교육이 단순한 의무를 넘어 진정으로 사람을 살리고 조직문화를 바꾸는 도구가 되어야 한다고 강조해 왔습니다. 안전교육을 더는 지루한 시간이 아니라 생명을 지키는 진정한 학습으로 바꾸기 위해 학습자 중심의 교수법과 다양한 실천적 방법들을 연구하고 현장에서 검증해 왔습니다. 인공지능(AI)과 디지털 도구를 활용해 교육의 효과성을 높이는 데에도 관심을 기울이고 있으며 안전문화의 혁신을 위해 강의와 컨설팅, 유튜브 활동을 꾸준히 이어가고 있습니다.

　　저자는 늘 겸손하게 배우는 자세로 현장을 찾으며 한 사람 한 사람의 안전의식이 깨어나는 순간이야말로 가장 큰 보람이라고 말합니다. 이 책에는 안전을 사랑하는 마음과 '교육이 곧 생명을 살린다'라는 그의 굳은 의지가 고스란히 담겨 있습니다.

저서
- 가능성은 내 안에 있다, 2019, 새로운사람들
- 조직역량에 사이다를 더하라, 2019, 새로운사람들
- 사람이 답이다(공저), 2015, 창조와 지식
- 전략적 성과관리(BSC) 실무편/이론편(공저), 2009, 아담북스

안전보건교육자를 위한
참여형 교수법 실무지침

1판 1쇄 발행 2025년 10월 13일

지은이 안방환
발행인 서철종
발행처 도서출판 지우북스
주소 경기도 파주시 문발로 115 세종출판벤처타운 209호
전화 031-915-6670(代)
팩스 031-915-6671
이메일 jwbooks@nate.com
홈페이지 www.jwbooks.co.kr
출판등록 제406-251002017-000032호
ISBN 979-11-92639-38-3 93530

정가 25,000원

※ 본 저작물의 무단복제는 저작권법 제136조(권리의 침해죄)에 따라 위반자는 5년 이하의 징역 또는 5천만 원 이하의 벌금에 처하거나 이를 병과할 수 있습니다.